Fundación Germán Sánchez Ruipérez

Jesús Marchamalo

Donde se guardan los libros

Bibliotecas de escritores

Fotografías del autor

El Ojo del Tiempo **Ediciones Siruela /**
Fundación Germán Sánchez Ruipérez

Agradecemos a la Fundación Germán Sánchez Ruipérez
su valiosa colaboración para la publicación de este libro

Esta obra ha sido publicada con una subvención
de la Dirección General del Libro, Archivos y Bibliotecas
del Ministerio de Cultura, para su préstamo público
en Bibliotecas Públicas, de acuerdo con lo previsto en
el artículo 37.2 de la Ley de Propiedad Intelectual.

GOBIERNO DE ESPAÑA | MINISTERIO DE CULTURA

En cubierta: Imagen de Volker Straeter, Agencia bdmdesign
Diseño gráfico: Gloria Gauger

c/ Almagro 25, ppal. dcha.
28010 Madrid. Tel.: + 34 91 355 57 20
Fax: + 34 91 355 22 01
siruela@siruela.com www.siruela.com
ISBN: 978-84-9841-609-1
Depósito legal: M-28.599-2011
Impreso en Rigormagráfic
Printed and made in Spain

Papel 100% procedente de bosques bien gestionados

Índice

Para Luis Mateo D. y Lola F.

A Díez por su generosidad,
su amistad y sus cafés al sol.
Y a Ferreira, también.

El hogar es donde se guardan los libros.

Capitán Sir Richard F. Burton

Donde se guardan los libros

Vivir con libros

Siempre he tenido la manía, entre otras, de fijarme en las bibliotecas ajenas. Pararme ante los estantes, recorrer los lomos de los libros y reparar en las afinidades y diferencias con los propios.

Cada biblioteca se rige por una serie de códigos, unos usos ni siquiera conscientes, caprichosos la mayor parte de las veces, que acaban señalando al lector, y que hablan de sus afanes y rarezas.

Decía Marguerite Yourcenar que una de las mejores maneras de conocer a alguien es ver sus libros. Y creo que es verdad.

En el caso de los escritores se añade además la sospecha fundada de que sus bibliotecas esconden una parte del mapa del tesoro. De su manera de plantearse y entender la literatura.

A finales de 2007, comencé a publicar en el suplemento cultural del diario *Abc* la serie «Bibliotecas de autor». Un recorrido por las bibliotecas de algunos de los autores contemporáneos más relevantes, que hablaban no sólo de sus libros sino de cómo están o no ordenados, la manera en que se han ido acumulando o perdiendo, y de las historias, buena parte de ellas fabulosas, que rodean a muchos de ellos.

Durante cerca de dos años se publicaron quince entregas con las bibliotecas de otros tantos autores a quienes se retrataba a través de sus libros.

Ya entonces me planteé recopilarlas con el convencimiento

de que las bibliotecas encajaban misteriosamente unas en otras; se iban de algún modo complementando, y construyendo entre ellas un tapiz colorista de lecturas, autores y obras imprescindibles.

Así, a las bibliotecas que se publicaron originariamente –cuyo texto, en general, se ha respetado íntegro– se han añadido otras cinco que he ido realizando a lo largo de estos últimos meses, junto a un centenar de fotografías que reparan en rincones y pequeños detalles. Ese mundo, también autobiográfico, de adornos, figuritas, objetos, minúsculos exvotos, que acaban desbaratando los estantes.

Resta hablar de las recomendaciones que completan cada uno de los textos. En la sección del periódico se pedía a cada autor que seleccionara tres libros; uno de la literatura universal, otro de un escritor contemporáneo, en principio en español, y un tercero de él mismo.

Con ellos se forma otra biblioteca más, un rastro iluminado de lecturas y escritores que, tal vez, animen al lector a ampliar la suya.

No quería terminar sin agradecer a los protagonistas su tiempo y su disposición. No estoy seguro (nada) de que a mí me hubiera gustado que un tipo como yo cotilleara en mis estantes –el *inspector de bibliotecas*, me bautizó Antonio Gamoneda, con acierto, tras visitar la suya–, así que agradezco especialmente la confianza de todos ellos a la hora de franquearme la entrada de sus casas y sus estanterías que, en muchos casos, no es si no la misma cosa.

Para mí ha sido una suerte irrepetible poder visitar a algunos de los escritores a quienes más admiro, y ha supuesto un extraño privilegio conocer sus obsesiones y manías, que han servido no sólo para justificar las mías, sino para adoptar alguna más que me ha parecido también interesante.

Gracias a todos.

Jesús Marchamalo
Madrid, marzo de 2011

Fernando Savater
Los libros del optimista

Acaba de regresar de la Feria del Libro de Guadalajara, y ha traído, entre otros, dos libros de Jorge Ibargüengoitia que andan por ahí, recién sacados de la maleta, con el mismo *jet lag*. Y hay otro sobre un montón reciente, en la habitación donde trabaja, que le ha llegado por correo esa mañana. Es el último tomo de Reino de Redonda, que le envía Javier Marías, y que es, también, de Ibargüengoitia. Una casualidad.

Los libros, es sabido, contienen puertas invisibles, caminos y pasajes que conducen a otros libros, que llevan a otras bibliotecas, o que comunican, en secreto, con otros lectores. Jorge Ibargüengoitia, el escritor y articulista mexicano falleció en Mejorada del Campo en 1983 en un accidente de aviación. Un Boeing 747 de la compañía colombiana Avianca que volaba desde París a Bogotá, con escala en Madrid, se estrelló mientras realizaba las maniobras de aproximación al aeropuerto de Barajas. En ese vuelo tenía que haber viajado también Fernando Savater (San Sebastián, 1947). Estaba invitado al mismo congreso de escritores, en Colombia, y apenas dos semanas antes le surgió otro compromiso que le obligó a cambiar de planes, y de billetes. Pero entre las víctimas mortales –sólo hubo once supervivientes– estaba la pianista catalana Rosa Sabater, y en la confusión inicial de nombres y apellidos, hasta que se aclaró el malentendido, para mucha gente que los esperaba, Fernando Savater compartió con Ibargüengoitia su trágico destino.

Ahora, sus libros, recién llegados de Guadalajara, andan buscando acomodo por las estanterías, lo que de ningún modo va a resultarles fácil. Porque es ésta una biblioteca como mínimo repleta, rebosante, y crecida de un modo se podría decir arborescente: ramas, brotes y renuevos que nunca nadie ha podado –más allá de algunos ejemplares que a fuerza de no caber ha tenido que ir bajando al trastero–, y que se extiende a sus anchas abonada con generosidad suicida.

Primera impresión

La primera impresión del visitante es que la parte estrictamente doméstica hace tiempo que ha sido desplazada por los libros: sillones, mesas, lámparas y aparadores se han ido acoplando, a lo largo de los años, en el hueco dejado por las estanterías. Libros descentrados, atravesados, empotrados, que sostienen un frágil equilibrio, como ése de Martín Santos, *Tiempo de silencio*, que sujeta, no sé por cuánto tiempo, otro cruzado encima de Attilio Momigliano. Lo señalo y me dice que no me preocupe.

Hablamos del salón, la parte más o menos abarcable, en el que están, a grandes rasgos, clásicos, biografías y teatro, dentro de una clasificación de una elasticidad extrema –y me insiste en que añada lo de extrema– donde convive Stendhal, *Napoleón*, por ejemplo, con Genet, *Los negros*; las *Obras escogidas* de Cocteau, *Moby Dick*, y un poco más arriba, Bertrand Russell. Hay mucho Borges, que va apareciendo diseminado por varias baldas, aquí y allá, casi como una embajada de sí mismo. Al lado de Lezama en una de ellas; lomo con lomo con Alberto Moravia en otra, y cerca de Camus, de Max Aub y de Faulkner, *Gambito de caballo*, en otra más, lo que demuestra una convivencia que, al menos, aparenta ser modélica. «El desorden en sí no me preocupa», afirma. «Me fastidia el precio que se paga,

la desazón de saber que tienes un libro y que no lo vas a encontrar, y hay veces que resulta menos trabajoso comprarlo de nuevo que andar buscando.»

No ayuda en ese orden difuso, inasible, el que la biblioteca continúe en San Sebastián, y que haya siempre una parte viajera, móvil, contenida en bolsas y maletas; un tránsito de libros que andan de aquí para allá y que nunca están localizables. Ni ayuda que las estanterías estén llenas de postales y fotos, y muñecos y monstruos, y pequeños recuerdos de todos los tamaños: una tortuga ninja –lo mismo Donatello– delante de Bataille, un pequeño Robin ante Clarín, y un dinosaurio rojo donde Sartre.

Hay, sí, una balda casi completa de Stevenson, ediciones antiguas y modernas, entre ellas una de las primeras reimpresiones, de 1891, de *La isla del tesoro,* publicada por Cassell &

Company en Londres, que alguien –nunca llegó a saber quién– dejó hace años al portero de su casa, en un sobre, con una nota manuscrita, sin firma, que decía, todo muy misterioso: «Seguro que te gustará». Y claro que le gustó.

Sobre las estanterías, en la pared, repartidas como santos milagreros, fotos de Virginia Woolf, de London, de Laurence Olivier, de Cioran... Cuenta que durante años lo visitó en su casa minúscula, humilde, antigua, de París, a la que se llegaba tras una subida escalofriante de largos tramos de escaleras, cada vez más oscuros. Allí vivía con unos pocos libros, no demasiados, porque era lector de apenas cuatro o cinco autores. Cioran siempre le acusó de ser un optimista camuflado. «No me engaña, Savater, con su palabrería», le decía. «Usted es en el fondo un optimista.» Y en uno de sus libros –tiene toda su obra dedicada– le escribió una divertida dedicatoria: «A Fernando Savater, agradeciéndole los esfuerzos por parecer pesimista».

Ma non troppo

En la habitación donde trabaja, sobre un escritorio, una pequeña figura de Voltaire, y una foto de Lester Piggott, uno de los mejores *jockeys* de la historia. Porque se sabe de su afición al *turf*. Ese escenario, muy de campiña inglesa, de potros y potrancas, y jinetes con trajes coloristas, apuestas y gemelos, y duquesas con sombreros de flores. «Tengo una colección de libros sobre carreras de caballos, el *turf*, que, modestia aparte, es de las mejores que conozco.»

De ahí el ex libris que le dibujó su hermano Juan Carlos, y que tiene en algunos de sus libros: dos caballos –blanco y negro– lanzados al galope. La divisa, *Allegro ma non troppo*, lleva a pensar que juega con el blanco, que gana en el dibujo, apenas por un cuarto de cabeza, un hocico.

Falta hablar de esa mesa, en el medio del cuarto, que es casi un continente –y nunca mejor dicho–, donde deja los libros pendientes de leer o los que ya ha leído: Cansinos, Burroughs, Isaac Rosa, Ignacio Gómez de Liaño… Ahí está el epicentro, el lugar donde siempre se hace las fotos, enterrado en sus libros, como en una metáfora: filosofía –juntos, idealismo alemán y psicoanálisis–, ensayo, historia, y todo lo demás: novela policiaca, fantástica, de terror, libros de cine… Rimbaud, Fleming,

Beckett, Gide… «Los libros son mi vida», dice allí, rodeado. «Si por leer pagaran no habría hecho otra cosa. Ni escribir, ni enseñar, ni dar conferencias; todo eso tiene que ver, en primer lugar, con la lectura, y creo que soy un lector muy bueno, un gran lector.»

Hay más nombres, o todos, Papini, Zola, Mann, Wilde, Paz, Pombo. Me dice que el resto de la biblioteca –es decir, de la casa– está igual. Y me fío. En la puerta, a punto de marcharme, le digo que si cierra de un portazo, se caerá el libro de Momigliano. Él me dice que no. Y oigo un golpe apagado cuando cierra. Tenía razón Cioran.

EL FANTASMA DE LA ÓPERA
Gaston Leroux

«Leroux es uno de mis autores favoritos, y *El fantasma de la ópera*, una de sus mejores historias, por no decir la mejor. Es un libro que me ha hecho disfrutar mucho con su lectura.»

EL SÍNDROME DE AMBRAS
Pilar Pedraza

«Pedraza es una autora que se dedica a la literatura fantástica con gran sutileza y capacidad evocativa. Una obra tan inusual en este panorama hiperrealista e historiomaniaco que tenemos, que explica que aún no sea suficientemente conocida.»

MISTERIO, EMOCIÓN Y RIESGO
Fernando Savater

«Éste es un libro que reúne todo lo que he escrito sobre libros y películas de aventuras. Un conjunto de textos, artículos y conferencias, muy ilustrado, que recoge mis obsesiones e intereses, lo que he preferido en cine y en literatura.»

Clara Sánchez

Pasadizos secretos

Cuentos de amigas

Habla con nostalgia de un libro de Italo Calvino que extravió hace poco en un aeropuerto. Por ahí, no sabe. Tal vez en una de esas salas asépticas de espera, junto a las puertas de embarque, en una de las centelleantes tiendas de la zona de tránsito, o sobre algún mostrador con vocación de linde o de frontera. Una pérdida fatal e irreparable, en todo caso, porque sus libros, prácticamente todos, lo son de mucho uso y manoseo. De trabajo, consulta o relectura. Libros que se llenan de secretas confidencias, papeles y notas escritas con lápiz y bolígrafo.

Así que si alguien lo encontró –dice–, y lo tiene, que lo diga.

La de Clara Sánchez (Guadalajara, 1955) es, como sus libros, una biblioteca exenta de aspiraciones. Una biblioteca siempre en movimiento, de mucho trajín, en la que los libros se juntan y dispersan, y a temporadas se ordenan y desordenan como arenas movedizas. Saltan de balda en balda o se amontonan, de forma accidental, sobre un sillón, un escritorio, un cesto o, directamente, a veces, en el suelo, al lado de una mesa ocupada también –iba a decir tomada– por una tonelada y media de papeles.

Es una biblioteca que ha ido asentándose y desasentándose a lo largo de los años, dependiendo de los gustos, intereses y obsesiones del momento. Novela negra durante una larga temporada: Chandler, Dos Passos; literatura centroeuropea en

otra: Christa Wolf, Joseph Roth, Heinrich Böll; o la pasión por determinados autores: John Fante, Thomas Bernhard, Carson McCullers… Digamos, eso sí, que hay una parte filológica importante que tiene que ver con los años de docencia: libros de lingüística, fonética, fonología, semántica y morfosintaxis, con perdón. Una cuidada selección de libros de cine, y también filosofía, historia y crítica literaria y, por supuesto, literatura clásica: Lucrecio, Catulo, Apuleyo…

Líneas invisibles

No hay un orden estricto (tal vez ni siquiera pase de benévolo), pero sí unas líneas invisibles que cruzan las baldas, las estanterías, las propias habitaciones. Traspasan los tabiques, se cuelan por debajo de las puertas, sortean mesas y sillones, y llevan de unos libros a otros, creando convivencias a veces obvias, previsibles, y a veces insospechadas. Una especie de red de pasadizos y túneles secretos, como los del vietcong, que recorren la biblioteca y que comunican, por ejemplo, las *Metamorfosis* de Ovidio, uno de sus libros de cabecera, con *La metamorfosis*, de Kafka, y más allá con Camus, *El extranjero.*

Muchas de estas líneas tienen incluso nombre, como las del metro. Y como las del metro, transbordos y correspondencias. Así, hay una que ella llama «Novelas de oficina» que empieza con Gógol, *El capote*, y que tiene paradas en Tolstói, *La muerte de Iván Ilich*, Galdós, *Miau*, y Melville, *Bartleby, el escribiente.* Y otra, «Triunfar y fracasar», que comunica a Döblin, *Berlin Alexanderplatz*, con Dos Passos, *Manhattan Transfer*, y también con Fitzgerald, *El gran Gatsby.*

Una manera tan buena como cualquier otra de ordenar los libros, siquiera mentalmente, y de saber más o menos dónde están, o dónde deberían. «Estas líneas se cruzan también en mis novelas», afirma. «Son lecturas que influyen en lo que he escrito, y que se reflejan en mi literatura: las oficinas, el anonimato de las grandes ciudades, los deseos, las obsesiones, y las mujeres que se saltan las normas, que se arriesgan para poder desear y vivir: *La Regenta,* de Clarín; *Ana Karenina,* de Tolstói; *Madame Bovary,* de Flaubert, o *El primo Basilio,* de Eça de Queiroz.»

Los túneles recorren no sólo su biblioteca actual, sino todas las anteriores: los libros perdidos en algunas de las innumerables mudanzas y traslados –Guadalajara, Tarragona, Barcelona, Albacete, Valencia, y dentro de Valencia, dos o tres casas, y luego, en Madrid, otras tantas–, y el recuerdo de la lectura, de niña. Un territorio, entonces casi clandestino, durante la siesta, en la penumbra, mientras el resto de la casa dormía. «Me encantaba ir a casa de mis abuelos y rapiñar algún libro», recuerda. «Leía muy a salto de mata, tebeos, kilos de ellos, cuentos de hadas, lecturas de quiosco, nada dirigido. Me guiaba por una tía mía, lectora, que me regalaba libros: uno de Rubén Darío, que conservo todavía y que da miedo tocar porque se resquebraja. Recuerdo haber leído también *El intruso,* de Blasco Ibáñez, y así fui picoteando hasta que empecé a formalizar lecturas con los escritores latinoamericanos: Cortázar, García Márquez, Vargas Llosa: *Conversación en La Catedral, Los cachorros*... Tengo la edición de *Cien años de soledad* que tiene la e al revés, una de las primeras.»

El sillón de leer

Hay una pregunta inevitable que tiene que ver con su sillón de leer. Ese lugar marrón superlativo, que es prácticamente una escultura, un ídolo, una nación independiente.

Para simplificar, y porque le parece la historia más creíble, suele decir que es una herencia familiar. Y la cortesía evita más

preguntas. Pero no. Apareció en una de las primeras casas que alquiló, abandonado por los anteriores inquilinos, que probablemente no supieron qué hacer con él, dónde llevarlo, y cómo. Años después, en el Casino de Madrid vio unos sillones iguales, lo que todavía continúa intrigándola.

Ahí, en ese sillón casi uterino, que es como una trampa acogedora, un abrazo de oso, es donde acostumbra a leer, o tumbada en el sofá, evitando cuanto le molesta. Una lectura que en su caso, es curioso, tiene que ver con el calor. Con las lecturas de infancia en la playa, en Valencia, al sol.

Falta hablar de ese lugar, indómito, a la entrada del salón, que llama, misteriosamente, «la pirámide». Tres montones de libros en equilibrio más o menos inestable, al lado de una planta, la pobre, que no está mucho mejor. Son cosas que va dejando pendientes. Cosas que traen, que mandan, que saca de las

baldas para hacer una consulta y que acaban ahí, en la tierra de nadie: Donna Leon, DeLillo y *Fibromialgia, la verdad desnuda* de Víctor Claudín. «Últimamente me interesan mucho los libros científicos, las obras de divulgación relacionadas con la mente, el cerebro, la facultad de aprender, y he leído muchas cosas que tienen que ver con este tema.»

En otro montón, ocasional, sobre un sofá, Natalia Ginzburg, Alice Munro y John Cheever, *La geometría del amor*. Y en las estanterías, melladas como la dentadura de un animal mitológico, compartiendo el espacio con fotos familiares, botes de bolígrafos y cajas de disquetes, los libros en dos filas: León Felipe y Celaya. Aleixandre y Huidobro. Moravia y Kundera. Cortázar y Onetti. Márquez y Puig. Y también Goytisolo, Benet, Chacel, Miró, Ferlosio, y todos los demás… Muchos. Mucho

Delibes, sí, y mucho Montalbán. Todo eso, y el hueco, disculpen la insistencia, del libro de Calvino. Que si alguien lo ha encontrado, que lo diga.

LA CELESTINA
Francisco de Rojas

«Tengo muchas ediciones de *La Celestina*. Creo que es la primera novela moderna, tan moderna que tiene muchos de los ingredientes del actual *best seller*: amor, sexo, dinero, poesía, bajos fondos y diálogos eficaces.»

UN DÍA DE CÓLERA
Arturo Pérez-Reverte

«Quería entender lo que pasó el 2 de Mayo. Y lo conseguí cuando leí la novela. Una historia accesible, documentada y que tiene una atmósfera y un ritmo magistrales.»

PRESENTIMIENTOS
Clara Sánchez

«He conseguido, con esta novela, un viejo sueño: abordar y entender al personaje desde dentro de su propia mente, sin recurrir al monólogo interior ni a la narración en primera persona.»

Arturo Pérez-Reverte

Cuatro historias

La noche del 25 de agosto de 1992, la artillería del ejército serbobosnio que asediaba Sarajevo atacó con granadas incendiarias la biblioteca. A pesar de los esfuerzos de los bomberos, que llegaron a combatir las llamas con cubos de agua, el fuego se extendió por toda la primera planta del edificio, que terminó ardiendo como una tea. Los rescoldos estuvieron activos durante tres días, y durante más de una semana la ciudad se vio invadida por una lluvia inconsistente de pavesas. «Mariposas negras», llamaron los habitantes a esas cenizas de los libros y manuscritos destruidos, no se ha llegado a saber cuántos. Hay quien habla de seiscientos mil, y otras fuentes llegan hasta el millón y medio.

Dos de aquellos libros, de hojas chamuscadas y cubiertas ennegrecidas por el humo, con marcas de humedad, tierra y pisadas, están ahora sobre la mesa. Arturo Pérez-Reverte (Cartagena, 1951) cubría para Televisión Española la guerra de los Balcanes, y esa noche de agosto fue testigo de cómo las llamas reducían la Biblioteca de Sarajevo a cenizas. Al día siguiente, mojados, inservibles, mezclados con cascotes y pedazos de madera, los recogió de un montón de escombros, junto con un trozo de estuco que también conserva. Es la primera historia.

La segunda tiene que ver con un recuerdo antiguo, de niño, en la biblioteca de su abuelo. Los libros, sacados de las baldas y amontonados por el suelo, eran calles, castillos, fortalezas, barricadas y torres almenadas que conquistaban, cuando podían, los soldados de plomo. En aquella biblioteca estaba todo Dumas, y todo el folletín del XIX: Balzac, Eugène Sue, Paul Féval, y Tolstói, Galdós y Dickens en ediciones que, a veces, más que antiguas eran viejas, impresas en papel tosco, quebradizo, tostado como el café de malta, y periódicos encuadernados.

Sólo libros

Y hubo un día, con ocho años, en que su madre pidió que sólo le regalaran libros. Iba a hacer la primera comunión –de marinero, no se recuerda en Cartagena nadie que haya hecho la comunión de otra manera–, y los primos y tíos, abuelos y vecinos, cercanos y lejanos, le regalaron novelas, de aquellas de la Colección Historias, de Bruguera, y la Juvenil Cadete, de Molino. Así que cuando cumplió diez años tenía, casi, cien libros: Melville, Scott, Stevenson y *Los tres mosqueteros*, que fue el primero que leyó sin estampas, y que servía a la familia para

jugar al Trivial: ¿cómo se llamaba la calle donde se hospedaba D'Artagnan?, preguntaban, o ¿qué dijo exactamente Portos al entrar en la taberna?

Fue entonces, más o menos, cuando un mal día –es la tercera historia–, un cura de los maristas, de aquellos de sotana hasta el suelo, brillante como el lamé y gesto desabrido, le sorprendió leyendo en clase la primera edición en español de *Goldfinger* de Ian Fleming, que le fue de inmediato confiscada. Y todavía recuerda cómo, durante el recreo, forzó el cajón de la mesa, cerrado con llave, para recuperarla. Una hazaña. «Creo que en lo sustancial hay dos tipos de lectores», afirma. «Aquellos a quienes la lectura les sirve para imaginar, para soñar, y esos otros para quienes los libros son el primer paso de la aventura, el libro te lleva, te hace escapar. En mi caso, la ecuación lecturas más puerto más mar más tradición marina me llevó a irme.»

Y hay algo, sí, en su biblioteca, de bodega de barco victorioso, de camareta de capitán corsario donde se acumula el botín de la aventura: espadas, modelos navales, cuadros de batallas, soldados a escala, un kalashnikov –no esperaba uno menos–, cartas de navegación, y libros. Muchos. Como treinta mil. *Qui-*

jotes –entre ellos las cuatro ediciones de la Academia–, mucho Quevedo y Moratín, Stendhal y Pynchon –tiene dos ejemplares de *V*, uno destrozado, de uso, y otro de repuesto–, Borges, todo, Nabokov, y dos libros con los que ha viajado durante algo más de veinte años en la mochila: África, Asia, Oriente Medio... Las *Vidas paralelas* de Plutarco, en la edición de Edaf, y el tomo de las obras completas de Thomas Mann, en Plaza y Janés, que contiene *Los Buddenbrook* y *La montaña mágica*.

Habla también de la colección completa de Tintín, aquellos tomos antiguos, con el lomo entelado, que recuerda haber ido completando a lo largo del tiempo –Reyes, cumpleaños, fin de curso–, al precio de sesenta pesetas cada uno, y que sería lo primero que salvaría de un incendio, dice.

Hay un epicentro en todo este universo de libros y papeles localizado en la mesa donde escribe, junto a una foto de Conrad, y una carta elogiosa, enmarcada, que sobre él escribió Patrick O'Brian; una concesión a la mitomanía. Ahí está su biblioteca de trabajo: diccionarios y libros de consulta, en tres o cuatro estantes que vacía y llena según acaba libros; después, la biblioteca de Alatriste, dedicada a la historia del siglo XVII, seguida de tres cuerpos de estanterías, del suelo al techo, donde están Cervantes, Quevedo y Calderón: lomos airosos, de piel, con nervios y tejuelos, florones y ruedas, y cortes dorados. O de oro.

Lecturas de diario

Y después, la biblioteca de diario, sin un orden que sea fácil explicar basado en extrañas, sorprendentes afinidades. «La biblioteca, ésta y cualquiera otra, es una tela de araña cuyo centro es el lector, y es el lector el que crea los vínculos, a veces imposibles, entre libros y autores: Mann y Dumas, por ejemplo, podrían parecer antitéticos, pero en esta biblioteca tienen algo que los une, como lo tienen Conrad y Agatha Christie, y muchos otros.» Y en esa armonía de lo invisible Sándor Márai está al lado de Victoria Ocampo; Byron, tapa con tapa con Calvino,

y Sartre con Zweig. En La Pléiade, Montaigne, y en Aguilar, Balzac.

A partir de ahí, la biblioteca se extiende por el resto de las habitaciones: en una, clásicos griegos y latinos –Ovidio, Homero, Sófocles–; en otra, guerra de Independencia, Trafalgar, y libros de náutica: historia, reglamentos, ordenanzas... «Yo de lo que entiendo de verdad –dice– es de la marina del XVIII, en lo demás soy un aficionado.»

Hay libros de cine, también, arte, historia; las obras completas de Ortega en la habitación de invitados, junto a la novela negra y la de espionaje: Highsmith, Chandler, Le Carré y la edición de *Goldfinger* rescatada del cajón de los maristas. Luego está el sumidero...

Y ésa es la cuarta historia: una escalera que baja a un sótano de paredes blancas, un poco Kubrick, que da a una habitación, al fondo, que recuerda a una morgue. Allí, una enorme mesa sobre la que se apilan los libros –¿unos quinientos?, ¿mil?– que no le interesan: Georges Perec, el pobre; Paul Auster... Libros que ha leído, o no, pero cuya suerte le es indiferente: *El niño con el pijama de rayas*, de Boyne; Theroux, *Elefanta suite*, y Bolaño, *Los detectives salvajes*... Lo que baja aquí difícilmente vuelve a subir, confiesa, ante ese pecio, silencioso, del naufragio.

Y ahí lo dejamos. En el recibidor, arriba, la Enciclopedia Espasa, la *Summa Artis*, y un sable de coracero napoleónico. Lo normal.

DON QUIJOTE DE LA MANCHA
Miguel de Cervantes

«El *Quijote* es el libro. Puedes leerlo, releerlo, abrirlo por donde quieras y leer cinco minutos o cinco horas. Y cuanto más lo lees, más te apetece leerlo de nuevo. Me crea siempre el estado más parecido a la felicidad.»

ÚLTIMAS TARDES CON TERESA
Juan Marsé

«Marsé es el último gran clásico vivo. Y para mí, *Últimas tardes con Teresa* es su mejor obra y alguno de sus mejores personajes. Y esta edición firmada por él, y dedicada, es un honor.»

LAS AVENTURAS DEL CAPITÁN ALATRISTE
Arturo Pérez-Reverte

«Los libros de Alatriste son, quizás, los que me hagan sentir más orgulloso como escritor. Están en los colegios, los leen los jóvenes y muchas personas han entrado en el siglo XVII a través de ellos. Sé que si estoy en la Academia es por Alatriste.»

Antonio Gamoneda

Nostalgia, inesperada, de Dick Turpin

La peculiaridad de esta «biblioteca», y me insiste en que añada, misteriosas, las comillas, es que está dividida en tres partes. Una en el sótano, donde hay libros y revistas, muchas de poesía o de literatura –*El Urogallo, Los Cuadernos del Norte, Ínsula*– colocadas en estantes metálicos, al lado de la fruta, cebollas y cartones de leche, y un sonido persistente de campanas.

Hay también bolsas. Ropa de abrigo. Y cajas. Decenas de ellas, no creo que exagere, desiguales. En pilas.

Son libros que están ahí provisionalmente, y que aspiran a una definitiva ubicación. De ahí saldrán sólo en dos direcciones, y me cuenta su plan con pormenores: dedicar una hora al día a decidir cuáles de aquellos libros le interesan, y cuáles acabarán en el infierno.

Un infierno que, en contra de lo que ocurre con cualquier otro, no es ardiente sino más bien friolento, y está arriba, tras una puerta cerrada, en el desván de suelo de madera y claraboya. Allí, en silencio, en penumbra, cubiertas con plásticos, acaban las cajas con los libros condenados.

Pero me aclara que allá arriba sube también de vez en cuando para, como un dios misericordioso, repasar de nuevo las cajas, revisarlas, y ver si alguno de aquellos libros olvidados merece compasión. Un indulto, siquiera provisional, que lo vuelva a bajar al purgatorio.

Y hay veces que, de abajo para arriba, los libros se acaban cruzando en algún descansillo, ignorantes, los unos y los otros, del fin que a cada uno espera. Porque recuerda Antonio Gamoneda (Oviedo, 1931) aquel tiempo en que los libros campaban a sus anchas por los pasillos. Amontonados en torres inestables que caían a menudo con estrépito. De modo que tuvo que acometer este obligado expurgo y expulsar al averno a unos cuantos de ellos, como el ángel de la espada flamígera.

Así preserva, como un vergel, o casi, el paraíso. Con cierta, razonable, distribución, y un orden que siempre hay que andar restableciendo. Una enorme biblioteca en el pasillo donde están los autores de lenguas no peninsulares: Roth, Proust, Lawrence, Jabès... Cercados por los libros de arte, que hacen ostentación de su tamaño. Woolf, Camus, Yeats, Yourcenar, Rilke...

Los buenos y los malos

Y me cuenta la historia de aquel libro que regaló a una de sus hijas cuando apenas era una chiquilla, *La siesta de M. Andesmas,* de Marguerite Duras. A la escritora dedicó Amelia Gamoneda su tesis doctoral, un ensayo, y años después tradujo

del francés ese libro con que su padre le obsequió casi de niña.

De nuevo, más cajas de cartón. Media docena de ellas preparadas para subirlas al desván. En una ha pegado una nota donde se lee «menor interés, repetidos», que parecen razones suficientes para una larga estancia en el infierno. «Te rodeas, para encontrarte bien, de libros», afirma. «Y nunca he tirado uno. Conservo los libros buenos y los malos, y muchos que me llegan, con frecuencia dedicados, y que guardo, me interesen o no, por respeto a quien me los mandó y su vocación de afecto.»

Allí donde trabaja, asomado a un jardín, por orden alfabético, está la literatura en castellano y otras lenguas peninsulares. Está Aub, *La calle de Valverde* y los *campos*, en la edición de Alfaguara; está Ayala, *Recuerdos y olvidos*, *El jardín de las delicias*, *Los usurpadores*; están Ramón Ayerra, Baroja, Juan Benet, Gustavo Adolfo Bécquer… Y en muchos de esos libros, sobre todo en los más antiguos, unos tejuelos pegados en los lomos con misteriosas cifras –354 K, 359 C, 333 Q–, como rastro de aquella temporada, hace tiempo, en que María Ángeles, su mujer, inició una ordenación que acabó superándola.

Por la C está Cunqueiro. Están Cela y Cernuda, Chacel y Luisa Castro. Delibes por la D. Y por la G, como fronteras previsibles, Gil Albert y Gil de Biedma. Después, literatura hispanoamericana, crítica literaria, y más allá me señala –con uno de los cigarros de tabaco de liar que enciende de vez en cuando, fino, minúsculo y blando, un «pitillo simbólico», como él mismo los llama– una zona desconocida, ignota, al fondo, donde no sabe exactamente lo que hay, además de cedés y películas, y cajas, ordenadas meticulosamente, de minerales e insectos que colecciona.

Y me habla de aquella biblioteca, perdida, de su familia. Y del libro en el que aprendió a leer.

Porque hubo un momento en que en su casa sólo había un libro, *Otra más alta vida*, firmado por Antonio Gamoneda, su padre, y la añoranza reiterada de aquellos otros que nunca llegó a ver –algunos dedicados por Valle-Inclán, o Rubén Darío–, y de los que le hablaba a menudo su madre. La biblioteca paterna que quedó en Oviedo, y que desapareció en el frío invierno de la guerra, saqueada, desvalijada, junto al resto de la casa, ropa y enseres, cuadros, víctima del pillaje y de la historia trágica.

El libro del padre

De aquella biblioteca en la que nunca estuvo recuperaría, mucho más tarde, sólo un libro de José Díaz Fernández, *El nuevo romanticismo*, que le entregó un familiar, y que conserva todavía. «Mi padre no tenía una gran casa ni una gran biblioteca, pero sí que fue amigo de algunos escritores –dirigía y fue administrador de dos periódicos–, y él mismo publicó un poemario en 1919, en el que aprendí a leer. Fue durante mucho tiempo el único libro que teníamos, junto a los dos tomos de un diccionario de Sopena, demasiado voluminosos para un niño, así que fue en ese libro escrito por mi padre donde empecé a reconocer signos y letras y después ya palabras.» Y men-

ciona una sorprendente, inesperada, nostalgia de Dick Turpin. Unos fascículos con las aventuras del ladrón justiciero que alguien le regaló encuadernados, y que formaron parte de su infancia. «Tengo, sí, una seria nostalgia de ese libro, aparentemente sin importancia, pero que tuvo mucha en su día, y que inexplicablemente ha desaparecido», recuerda. «No lo veo desde hace años, pero siempre confío en que acabe apareciendo en un repaso.»

Me enseña un ex libris con su nombre, regalo de un amigo, con el que marcó durante años sus lecturas, hasta que se acabó la tinta, roja como la mercromina, del tampón. Me habla del olor de las páginas impresas, y del tacto rugoso del papel, esa relación física y primordial, a veces, que se establece con los libros y que no proporciona, defiende, una tableta o un *ebook*.

Y me habla de sus cinco ordenadores –cinco, y no exagera– con los que no se entiende, y de cómo al final escribe lo sustancial a mano. Tachando y retachando los papeles.

Y se enciende un pitillo, de esos casi de pega, humeantes como la chimenea de un mercante, mientras busca por las estanterías, con ojos infantiles, distraído, aquel libro perdido de Dick Turpin que se resiste a volver al paraíso.

LA CELESTINA
Fernando de Rojas

«Es un libro que releo casi todos los años, si puedo. Un libro del que, con independencia de la enorme belleza del contenido, llama la atención el lenguaje, y la mezcla de géneros: está la poesía, está la narrativa, y la teórica condición escénica de un texto representable. Ahí está todo.»

DON DE LA EBRIEDAD
Claudio Rodríguez

«De Claudio Rodríguez he leído todo, me parece uno de los grandes poetas mayores, y tal vez de él elegiría este libro, el primero que publicó, escrito con apenas 17 años. Éramos muy amigos, lo que no creo que aumentase mi admiración por él. Siempre he estado atrapado por la potencia, por la belleza de su poesía.»

DESCRIPCIÓN DE LA MENTIRA
Antonio Gamoneda

«Fue un libro que escribí tras doce años de silencio. Y un día se me apareció una primera línea que en cierto sentido supuso un giro total en mi escritura. Es mi libro más prevalente.»

Enrique Vila-Matas
Curso de geografía

NOCTURAMA
Antonio Ungar
Andrew Delbanco
Melville

Subo en el ascensor con una foto que me ha enviado días antes por correo electrónico. Una torre de libros, en los que no se aprecian los títulos, y tres baldas donde resaltan un par de fotos, en blanco y negro, de una jovencísima Marguerite Duras. En ambas tiene los ojos cerrados, como si estuviera dormida.

Sospecho que la foto contiene algún mensaje que soy incapaz de interpretar, y por eso la he traído conmigo y en el ascensor, camino del sexto piso, intento descifrar algún detalle inadvertido: la postal del homenaje a Pepín Bello organizado por la Residencia de Estudiantes, o la cubierta de un libro en el que, en azul, se ve un rostro que puede ser de Georges Perec.

Fue Juan Villoro quien dijo que la casa de Enrique Vila-Matas (Barcelona, 1948) es un símil, a escala, de su literatura. Un lugar íntimo, tranquilo, luminoso y pequeño, presidido por un inmenso ventanal que da al mundo. Un exterior abierto salpicado de nubes desgalichadas y espigadas antenas colectivas, donde hoy falta el mar, al fondo.

En medio, una mesa, y un sillón basculante que parece precisar carné de conducir, donde por la mañana se sienta a leer.

Todo en la casa –cuenta– tiene un orden marcado por la falta de espacio. Todo tiene su sitio, los libros incluidos. Y hay libros que llevan treinta años en el mismo lugar. Lo que comenzó siendo una casualidad, un mero azar, ha acabado creando un orden inclasificable más de geógrafo que de bibliotecario. Una clasificación secreta, alejada de servidumbres alfabéticas, y amparada por una memoria visual que le permite recordar cada lomo, y localizarlo, de un vistazo, en las estanterías. Así, hay una que prácticamente ocupan seis autores, que podrían ser casi un continente: Gombrowicz, Musil, Walser, Pitol, Sebald y Kafka, su escritor predilecto. Arriba, los primeros números de la revista *Poesía*, muy leídos, muy trabajados, y que participaron activamente en la *Historia abreviada de la literatura portátil*, y abajo, carpetas –rojas, negras–, una por cada libro que ha escrito, y que contienen contratos, recortes, reseñas, y en algunos casos el manuscrito original, lo que no deja de tener mérito, dice, en una casa tan pequeña.

Libros en un contenedor

En otra balda, a la altura de los ojos, conserva los cuatro números de la *Nouvelle Revue Française* en los que ha colaborado y que guarda como un trofeo, y cerca, la edición de Barral (1974) de *Jakob von Gunten*, de Robert Walser, desencuadernada y llena de papeles y notas. «Éste es el libro de donde sale todo, mi libro favorito», afirma. «Los demás, Gombrowicz, Sebald, Musil, no son exactamente mis preferidos, sino los autores de los que tengo más libros... Aunque estoy pensando en que sí serían en realidad mis preferidos pero no los que más me iluminan.»

Recuerda con claridad, eso sí, una noche, hará posiblemente veinte años, cuando tomó la decisión dramática, heroica, de deshacerse de su biblioteca de Derecho. Lloviendo, a hurtadillas, en dos viajes interminables, como un conspirador decimonónico, bajó a la calle cargado de maletas, y arrojó a un contenedor, libro a libro, sus tres años de carrera. Luego subió a casa, exhausto, se encerró y emprendió una nueva vida, tras tomarse un Frenadol. Por si acaso.

NOCTURAMA
Fiebre en las gradas
La interpretación del asesinato
García Montero Inquietudes bárbaras
Cielo nocturno
El truco de la bala
Lipovetsky La sociedad de la decepción
Saber perder
El Gran Vidrio
Amis Visitando a Mrs. Nabokov
El padre de Blancanieves
No Ficción
Leche materna
RAFIK SCHAMI EL LADO OSCURO DEL AMOR
LA BIBLIA DEL ATEO
El hueco que deja el diablo
La enfermedad
Ella tan amada
Mimos
Autobiografías ajenas
FLORENCE AUBENAS
Sennett La cultura del nuevo capitalismo
ULISES

Lo que le contaron después sus amigos abogados, siempre tan serviciales, es que aquellos libros tenían cierto valor, y que podría haberlos vendido por una cantidad. Además de ahorrarse el catarro.

Así que en las baldas que en su momento ocupaban el Derecho Penal, el Romano, o lo que fuera, hay un sector de confusión, ahora, en el que predominan, entre otros, Paul Auster, Coetzee, Martínez de Pisón, y Bolaño, de quien muestra un ejemplar dedicado: «Para Paula y Enrique, amigos ejemplares, por decir algo, pero en realidad mucho más». Tiene otro, también, de Bioy Casares –«Para Enrique, con afecto»–, y algunos más de amigos o simples conocidos.

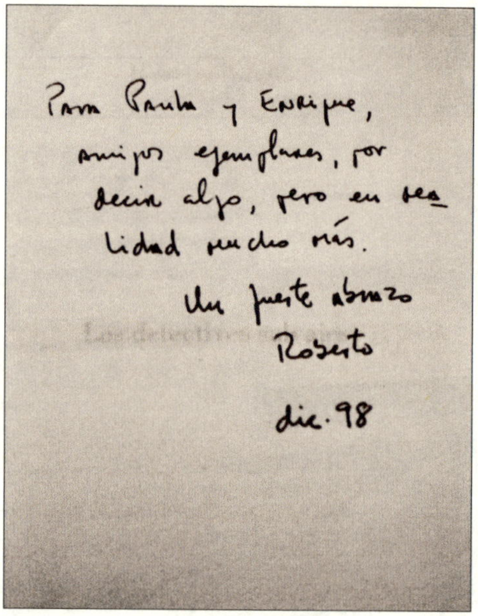

El sitio donde escribe, una mesa grande, ordenada y limpia, casi de recepcionista de hotel, lo presiden dos montones de libros de los treinta o cuarenta que andan por ahí, perdidos. Libros de consulta, trabajo, o pendientes de clasificar. Anoto, por ejemplo, a Claudio Magris, *El infinito viajar*, a Roth, *El oficio: un escritor, sus colegas y sus obras*, y un tomo de entrevistas de

Cortesía de Vila-Matas

The Paris Review. Alrededor, como un talismán, ocupando todas las paredes, los escritores clave, muchos: Stevenson, Carver, Calvino, Dalí. «Me gusta muchísimo el Dalí escritor», dice. Roussel, Perec, Tabucchi, Monterroso y, sorpresa, Ramón Gómez de la Serna. El Ramón de cara de mazapán, que escribía con tinta roja, como la sangre de los plebeyos.

«En México, hace tiempo, me compararon con él», cuenta. «Protesté, pero después, por curiosidad, empecé a comprar y leer muchos de sus libros, y algunos fueron una agradable sorpresa. Me pareció muy divertido, por ejemplo, *El hijo del millonario.*»

Hay más, Handke, Benet, Borges... Muchos, con su firma, Vila-Matas, y la fecha de compra o lectura en la primera página. Y la ciudad, si los leyó de viaje.

Dos fotos

Tiene también dos fotos que llaman la atención. Una es la fachada de la librería Shakespeare and Company, en París, y otra, el Grand Hotel de France, en Nantes, donde se suicidó de una sobredosis de opio Jacques Vaché. Un escritor del que habla en *Bartleby y compañía*, amigo de Breton y que sólo escribió algunas cartas desde el frente durante la I Guerra Mundial, lo que le bastó para pasar a la historia de la literatura. Su suicidio, en una habitación cuya ventana señala en la foto, escandalizó a la sociedad francesa de la época. Allí fue hace tiempo, con Jorge Herralde, sólo para comprobar cómo en el hotel negaban que hubiera sucedido.

Y hay más: Joyce, Conrad, Highsmith... Le pregunto, casi a quemarropa, por la foto que me envió de la biblioteca, y su mensaje oculto, si es que existe. «Me gustó esa visión porque es muy lateral», confiesa. «No muestra la biblioteca, sino sólo una parte, una esquina, ni siquiera la más representativa. He de confesar una pasión por lo excéntrico, lo que está fuera del centro. Las dos fotos de Duras, con los ojos cerrados, las cogí de un mural que habían hecho en una iglesia de La Baule, un pueblecito francés donde le rendían un homenaje.»

Dos días más tarde recibo otro correo electrónico. Me envía un cuento. La historia de un escritor de fama que, tras mar-

charse de su casa el periodista, vuelve a poner su biblioteca en el estado en el que se encontraba antes de que, con el anuncio de la visita, se hubiera dedicado a transformarla, a colocarla tal como deseaba que la viera el mundo.

Lo que no deja de tener mérito, eso sí, en una casa tan pequeña…

LOCUS SOLUS
Raymond Roussel

«El libro que me descubrió que en novela era posible todo, lejos de cualquier dogma o imposición. El libro que menos prestaría de toda mi biblioteca. Creo que con él aprendí a escribir.»

LOS DETECTIVES SALVAJES
Roberto Bolaño

«La gran acogida de este libro en todo el mundo no acaba de verse reflejada en la prensa cultural española. *Los detectives salvajes* quedará como un libro sobre el poder literario descomunal de la poesía de la vida.»

EXPLORADORES DEL ABISMO
Enrique Vila-Matas

«Siempre el último libro es el que merece ser nombrado. El día en que uno comienza a cuestionarlo es cuando comienza a escribir el siguiente. Por primera vez he comenzado un nuevo libro sin cuestionar el anterior. *Exploradores del abismo* va camino de gustarme siempre.»

Gustavo Martín Garzo
Viaje en bicicleta a Kafka

VALLE-INCLÁN
I

Hay, en la habitación donde trabaja, una vieja bicicleta estática como la que tuvimos todos y que quien más quien menos acabó arrumbando en algún rincón de la casa. Él no. Cada mañana se levanta temprano, desayuna, y escribe hasta la hora de comer. Para ser precisos, escribe hasta media hora antes de comer, porque esos treinta últimos minutos los dedica a pedalear, allí, en el cuarto. Un paseo imaginario, inmóvil, flanqueado, y tiene algo de metáfora, por dos paredes con libros. A la izquierda, literatura española en orden más o menos cronológico: Baroja, Pla, Bergamín, Lozano, Delibes, Marsé; y a la derecha, literatura anglosajona: Faulkner, Hemingway, Fitzgerald, Conrad, Kipling, Capote... Todo Katherine Mansfield, y todo Isak Dinesen, la distinguida e irreductible Dinesen.

Cuenta que hace años visitó su casa, en Rungsted, cerca de Copenhague, que se conserva exactamente como quedó a su muerte: la disposición de las habitaciones, sus discos y gramófonos, y en el salón, un ramo de flores frescas, siempre recién cortadas, tal y como dejó ordenado. Los visitantes deben entrar con unos patucos, para no dejar huellas, y viven la emoción cosquilleante, infantil, de haberse colado, como intrusos, y de que la propia Dinesen, alta y delgada como un cadáver, aparecerá en cualquier momento, en jarras, para sacarles de las orejas hasta la puerta.

Hay una foto suya, en la estantería, y un bote de tierra de M'Bogani House, la casa donde la escritora vivió en África, que un amigo le trajo de Nairobi, y también animales: gallinas, ovejas, caballos y vacas de plástico, cajas, soldados, pequeños recuerdos...

A Gustavo Martín Garzo (Valladolid, 1948) le gusta acumular objetos en las baldas, delante de los libros. Un ejército pacífico de fotos familiares y postales, chinchetas y figuritas: Pipo, el muñeco que fuma, un Pinocho y una carta de baraja que le regaló Manuel Rivas, un cinco de corazones en cuyo dorso hay, pegado, un poema de Emily Dickinson.

Declara una pasión, visible, por los monstruos, y hay muchos, en carteles y fotos, por todas partes; y otra inesperada por el boxeo: un par de guantes, rojos, yo diría que sin estrenar, aunque nunca hay que fiarse, sobre una estantería.

Tres bibliotecarios

En medio, un sofá, también rojo, donde lee por las tardes. «Leo aquí, y en los viajes», afirma. «Cuando puedo, procuro ir en tren y leo mucho. Doy mucha importancia a acertar con los libros que llevo, porque si das con un libro interesante, no te das cuenta del trayecto. Así que pienso con seriedad y con tiempo suficiente cuál voy a llevar a cada viaje, y con frecuencia cojo otro libro de repuesto, por si acaso.»

La biblioteca de Garzo –amplia, inabarcable, dispar– son en realidad tres bibliotecas encajadas, o mezcladas, o disueltas de amores compartidos, y hay al menos otros dos bibliotecarios: su mujer, la poeta Esperanza Ortega, responsable a grandes rasgos de la parte de poesía; y su suegro, Teófilo Ortega, también escritor, que aportó en su día –además de sus propios libros, encuadernados muchos, en piel, por la familia– la Enciclopedia Espasa, que ocupa un mueble en el recibidor, y obras de Aguilar y de Rivadeneira, todas con tejuelo, que se distinguen en las baldas por el color, sobado, de los lomos.

La poesía, en un orden alfabético difuso, mediano, antiguo y nunca actualizado, ocupa una habitación completa, y en ella están todos los grandes: Rilke, Leopardi, Sawa, Quasimodo, Gide, Kavafis, Darwix, y Dickinson, otra de sus debilidades, de quien va comprando todas sus traducciones. En español, Huidobro, Parra, Martí, Girondo, Lezama, Juan Ramón –«Somos muy juanramonianos», confiesa–, Cernuda, Jorge Eielson, Gil Albert, y una estantería completa de amigos: Olvido García Valdés, Aníbal Núñez, Miguel Casado, José-Miguel Ullán, Francisco Pino… Muchos en su sitio, y otros muchos no, porque son libros de uso y acaban descolocados, por ahí, ocupando un lugar que no les corresponde.

Recuerda una vez que cenó con Octavio Paz. Un autor por el que sentía, y siente, veneración: gran poeta –dice–, ensayista excepcional… Paz habló de Buñuel, de Breton. Encantador, le preguntaban, y él respondía con voz firme y memoria prodigiosa. Garzo le llevó un libro para que se lo firmara, *Piedra de sol*, que ahora no es capaz de encontrar en esa estantería donde debería estar, que aprovecha el hueco de la escalera y que va subiendo hacia el piso de arriba como un friso: todo Manuel Puig, todo Borges, todo José María Arguedas y todo Paz, salvo ese libro fatal, traspapelado, descolocado, extraviado…

«Hay autores que te gustan pero con los que no continúas, reconoces su excelencia, pero no vas más allá», confiesa. «Pero hay también autores que forman parte de una especie de familia espiritual, una familia extraña que se ramifica a veces por lugares impensados. Y cuando descubres a alguien de la familia, quieres tenerlo todo. El último hallazgo ha sido Chesterton; no he leído todo lo que escribió, todavía, pero si me da tiempo lo haré.»

Retrato de Cortázar

En esa estantería de escalera hay, sí, mucho Onetti, mucho Bolaño, y Piglia, mucho Monterroso, o todo, y mucho Cortázar. En *Rayuela* –un viejo ejemplar forrado con plástico y papel celo–, hay pegado en la página de cortesía un retrato del propio Cortázar recortado de un periódico, y su nombre y la fecha: Gustavo, 1-II-71, Madrid. Una excepción porque sus libros están, en general, limpios de notas y comentarios, y sólo a veces marcados con lápiz: un párrafo, una frase subrayada, una palabra...

La estantería de la escalera se va desplegando como un atlas, un mapamundi, según se asciende: Guimaraes Rosa, Eça de Queiroz, y Pessoa en la balda de literatura portuguesa; Buzzati, Pavese, Calvino, Magris, Natalia Ginzburg, en la italiana. En la francesa, Camus, Stendhal, Yourcenar, Alain Fournier y Proust, *En busca del tiempo perdido.* Los siete tomos de Alianza que robó a finales de los años sesenta en una librería alemana –no deja de tener su mérito tanto tomo sin que acabara detenido–, y que leyó por calles y plazas a lo largo de todo un verano. Había ido allí con una novia que aprendía alemán, y solo y sin conocer a nadie, mientras ella daba clases, estuvo todo el verano con Proust.

A veces, aparecen dos ejemplares idénticos del mismo libro –ocurre, por ejemplo, con *Jakob von Gunten,* de Walser, en la edición de Barral–, algo de lo que él mismo se sorprende. Subiendo, en una zona de barullo, están Dostoievski, Babel, Chéjov, y después Bruno Schulz y Thomas Bernhard –otra lectura que califica de hipnótica–, por fin cerca de Kafka, casi en el distribuidor, arriba, que es como un final de viaje, un destino. Todo Kafka.

Un Kafka repeinado, con cara de foto de carné o de pasaporte, del que tiene una imagen enmarcada que le mira a diario pedalear, con mortal, estricta indiferencia, allí, en la habitación donde trabaja.

Media hora, hasta la hora de comer. Ya saben.

EL CASTILLO
Franz Kafka

«De Kafka es difícil elegir un título porque toda su obra, en realidad, es un solo libro. Hay algo que comunica las cartas, los relatos, el diario… Elijo *El castillo*, su última novela, porque es la que me parece más perfecta, si es que perfecta es la palabra adecuada para Kafka.»

ONDULACIONES
José Miguel Ullán

«Ullán es uno de los grandes poetas vivos en nuestra lengua, un poeta secreto, y de los escritores que conozco el que tiene más sensibilidad para el lenguaje. Su poesía, nada solemne, irónica, es una apuesta por la libertad de las palabras.»

EL JARDÍN DORADO
Gustavo Martín Garzo

«En esta novela cuento la historia del Minotauro, un proyecto antiguo que he trabajado y madurado durante mucho tiempo y que significa mi regreso al mundo de la fábula, del mito. Es un libro que resume todas mis obsesiones: infancia, naturaleza, el sentido del amor, la muerte…»

Clara Janés

Las clarisas y Shakespeare

Tiene un recuerdo remoto, algo intimidatorio, de la casa familiar, atestada de libros. Libros como un paisaje reiterado, dominante, que ocupaban buena parte de las paredes de las habitaciones y los pasillos, y que a veces cubrían las puertas, tras las que, como un hallazgo, aparecía por sorpresa un aseo, un planchador, un armario misteriosamente olvidado. De modo que aquel primer recuerdo, visto con la mirada de una niña que exploraba trepando por las baldas, es portentoso y aterrador al tiempo.

Un confuso catálogo de títulos y autores –Conrad, Dos Passos y la *Historia de la penicilina*, por ejemplo–, y también la certeza de las lenguas. Había allí libros en inglés, en italiano, en francés (la colección completa de La Pléiade, entre otros), en ruso, y una nutrida biblioteca de arte, en la parte de abajo. Libros dedicados a Oriente, a China y a Japón, y numerosos tomos de la Collezione Silvana, de los que recuerda la temprana fascinación por las imágenes. Tenía entonces cinco años y todavía no sabía leer, pero ya se sabía todo el arte italiano –Giotto, Fra Angelico, Botticelli, Miguel Ángel–, descubierto en aquellas láminas satinadas de color apagado y elegante. Así que el año que cayó enferma –infección, fiebre alta, septicemia, según los informes diagnósticos– y que tuvo que pasar en casa, copió entera, en la cama, con lápices, la Capilla Sixtina.

Conserva todavía de aquel tiempo dos libros editados por su padre: *El libro del té*, de Okakura Kakuzo, con la cubierta azul y blanca, de cartón, ilustrada con troncos de bambú; y *Tres mil años de amor*, publicado en la colección Orfeo, encuadernado en piel color burdeos, con los cortes dorados, papel biblia, y aquel Ave Fénix en la portadilla, que era el sello del editor José Janés. «Los libros en casa eran algo familiar», recuerda. «Cada vez que mi padre editaba uno, lo traía, y se celebraba, y era habitual que por aquella casa pasaran escritores. Recuerdo a Salvador Espriu, a Mika Waltari, el autor de *Sinuhé el egipcio*, de quien nos maravilló su mujer, preciosa y elegante, y a muchos otros.»

El siguiente recuerdo son las historias ilustradas, que ella misma escribía y dibujaba, y que representaba con su hermana en el salón, vestidas las dos con trajes que se hacían con tarlatana, trapos viejos, papeles de regalo y cintas de las cestas navideñas. Y la fascinación por Shakespeare.

El mar y Dostoievski

Vivían en aquel momento en Pedralbes, cerca de un monasterio de clarisas de clausura que sólo un día al año subían a mirar el mundo desde la torre. De ellas oyó decir que, allí encerradas, sin contacto con el exterior, rezaban siempre a las mis-

mas horas, fuera de día o de noche, invierno o primavera, como si dispusieran de un tiempo diferente. Y ella durante una temporada hizo lo mismo: ponía el despertador, de madrugada, a esa hora que no es de la vigilia ya, y tampoco del sueño, y leía a Shakespeare durante una hora exacta: *Hamlet*, *Romeo y Julieta*, *Macbeth*... Todo Shakespeare, en distintas ediciones y versiones. También el teatro griego, Sófocles, Eurípides, mirando siempre al mar, el aire salitroso, el rumor de las olas, y a Fiódor Dostoievski, cuya obra había traducido su abuelo, siendo su madre niña.

En las estanterías, ahora, repartidas por gran parte de la casa, están muchos de aquellos libros, manoseados y desencuadernados, leídos y releídos, traídos y llevados, en los que guarda cartas, papeles o notas y que, a veces, las menos, tienen también un ex libris que ella misma se dibujó hace tiempo y que casi siempre se olvida de poner. «También mantengo parte de aquel ritual de niña, y cada mañana, al despertar, leo poesía; Octavio Paz, sus *Poesías completas*, o *Cántico*, de Guillén. También leo mucho, para aprender, a Lorca, San Juan de la Cruz o Bobrowski.»

Tiene, eso sí, un problema con el papel antiguo. Una alergia fatal, intransigente, que la obliga a leer con mascarilla, como los médicos, los libros que, con el tiempo, van adquiriendo polvo, tostándose el papel, y se llenan de ácaros. Los conserva hasta que la situación se hace insostenible, y tiene que comprar otro ejemplar flamante.

Así, su biblioteca está llena de claves y razones que únicamente ella conoce: conviven libros nuevos y viejos, cubiertas desgastadas y otras casi a estrenar, y algo de aquel orden peculiar que llevó durante años –amigos y no amigos–, y que todavía se mantiene, vagamente, en algunos estantes donde están juntos, o cerca, Chacel y Zambrano en medio de los libros de filosofía y de ciencia; *Alquimia & Mística*, de Alexander Roob, o *Los nombres de las estrellas*, de E. J. Webb. Y después, como un atlas mal desplegado, los libros checos, cerca de los persas, y esa zona dedicada al Oriente: Wang Wei y el teatro japonés, salpicados de rocas –amatistas y cuarzos– y fósiles.

Los libros en francés en la segunda fila, ocultos, y buena parte de los ingleses también. Todo razonablemente mezclado,

libros de todos los tamaños, junto a cuadernos y diccionarios, manuscritos originales de sus propias obras, en carpetas, y libros de su padre: Julio Verne, Papini y algún tomo de la colección Los premios Nobel de Literatura, junto al *Teatro completo* de Ibsen, de Aguilar.

La Praga de Holan

En otra habitación, sus propios libros, junto a los de Ramos Rosa o Vladimir Holan, a quien visitó en Checoslovaquia a finales de los años 70, tras aprender checo sólo para poder hablar con él.

«Llevaba seis años sin escribir cuando leí *Una noche con Hamlet.* Me puse en contacto a través de su traductor, y él me respondió, así que decidí ir a verlo a su casa de Praga. Holan había sido un revolucionario, un poeta del pueblo que, con la llegada del régimen comunista, decidió encerrarse en casa, donde permaneció aislado, sin ver prácticamente a nadie, durante más de treinta años. Allí lo visité dos veces: la primera, en 1977, apenas me hizo caso, y la segunda, dos años más tarde, cuando ya hablaba checo, me entregó un poema que había escrito cinco años antes, sin siquiera conocernos, en el que hablaba de mí. Fue algo mágico.»

El resto, estanterías que se quedaron cortas en su capacidad y sobre las que, como una vieja arquitectura infantil, han ido creciendo baldas sueltas y altillos improvisados. Allí, Neruda, Alberti, Juan Ramón, Carles Riba, Luis Alberto de Cuenca, y encima, Thomas Bernhard y Durrell, *El cuarteto de Alejandría*, en el mismo lugar que ocupaban sus inéditos, a los que desalojó. Enfrente, Rilke, Duras, tal vez todos sus libros, Robert Graves, Yourcenar e Inoué; hizo una reseña de *La escopeta de caza* para un suplemento y le gustó tanto que ha ido comprando, después, todos sus libros. Por allí, Jesús Pardo, Vila-Matas, Villena, Gimferrer…

Me habla del trastero, arriba, donde también hay libros, de

los que guarda una cuidadosa relación, y de una estantería a la derecha, en la entrada, donde están los que quiere tener a mano, junto al paraguas, señala uno. «Dentro de poco, ya no lo podré leer», dice con anticipada nostalgia.

Es lo que tiene la alergia al papel viejo.

OBRAS COMPLETAS
William Shakespeare

«Shakespeare fue una fascinación durante mucho tiempo. Ponía el despertador de madrugada, y me despertaba sólo para leerlo durante una hora, y después volver a dormir.»

DIE GEDICHTE
Johannes Bobrowski

«Es el último autor del que he aprendido leyendo y traduciendo. Su obra es un paso más en la literatura alemana, tan importante, y es de las cosas que más me gustan últimamente.»

LA VOZ DE OFELIA
Clara Janés

«Después de estar seis años sin escribir, descubrí a Holan, a quien visité en Checoslovaquia, donde llevaba encerrado casi sin ver a nadie treinta años, y ésta es la historia.»

Juan Eduardo Zúñiga

El palacio de invierno

Rige un pacto de años en esta biblioteca compartida que exige a cada nuevo libro una autorización expresa, otorgada por unanimidad, para poder quedarse. Así, son frecuentes las alianzas, los regateos, las ofertas en busca de consenso –si tú te quedas con ése, yo incluyo estos dos que son más finos–, pero no es tampoco raro que para evitar los engorrosos trámites aduaneros haya libros que crucen la frontera de contrabando: escondidos en bolsas de la compra, en dobles fondos, en paquetes que aparentan ser regalos... Y ocurre que de cuando en cuando un libro es señalado como intruso, y denunciada su situación irregular en los estantes: «El *Diccionario filosófico* de Voltaire es un empeño de Felicidad», dice refiriéndose a su mujer, la editora Felicidad Orquín, quien asiste con gesto de rutinaria complicidad.

La obsesión de Juan Eduardo Zúñiga (Madrid, 1929) es controlar los libros que se van acumulando con los años, y que procede de su infancia. Entonces, soñaba con una biblioteca muy completa pero portátil, que pudiera llevar en una maletita que tenía, de cuero. Nunca hubiera podido prever que hoy el libro electrónico casi pueda cumplir aquel deseo infantil entonces mágico e ingenuamente irrealizable. Mientras tanto, hay un miedo, casi supersticioso, espero que infundado, al colapso de ese lío de autores, países, dibujantes y temas diversos que acoge la biblioteca, en apariencia férrea, del salón.

Allí, números sueltos de la revista *Poesía*, el 7-8, el 41, el 44, al lado de una enciclopedia de plantas medicinales, libros de viajes, Sevilla o Lisboa, un catálogo dedicado a Botero que le lleva a mencionar el problema del peso de sus libros, y, de repente, por sorpresa, territorio italiano: Pavese, Calvino, Moravia, la edición de Seix Barral de *Cinco historias de Ferrara*, de Bassani, Leopardi, Pirandello, Savinio y aquel libro que leyó a principios de los años sesenta en la biblioteca del Ateneo –se recuerda bajando las escaleras conmocionado, casi en trance–, y que menciona abriendo los ojos con teatralidad: *El desierto de los tártaros*, susurra, de Buzzati, la primera lectura que le hizo sentir que había recibido un golpe, no tanto en la cabeza como en el corazón.

También libros de cine y el sillón de leer, junto al balcón, donde, como un girasol, busca la luz asomado al muestrario de verdes del Retiro.

Libros desaparecidos

«El problema de la biblioteca es que debe ser confortable y tener un orden interno bajo un aparente caos que permite retomar el desorden de las lecturas», comenta. Así, sus libros están ordenados a trozos, por zonas, un poco aquí y allá, con esa arbitrariedad caprichosa que separa la voluntad firme del orden de lo que, finalmente, uno termina haciendo.

En el pasillo, literatura norteamericana y francesa y, en me-

dio, todo Borges editado en Alianza, como un país en sí mismo, una república, y la literatura en español. Está Bárbara Jacobs al lado de Monterroso y después Galeano, en una especie de laberinto previsible que se vuelve de repente intrincado: Bolaño, al lado Piglia y, por sorpresa, Kawabata, al lado de Gubern, *Máscaras de la ficción.*

Por la M, mucho Marías, mucho Martín Garzo, mucho Luis Mateo Díez, y mucho, sorprendente por la inicial, Vila-Matas. «Hay veces que pierdo misteriosamente un libro», confiesa. «Me ocurrió con *La novela del corsé,* de Manuel Longares, un libro que no ha podido salir de casa, que no he podido prestar, y que desaparece para siempre, ¿cómo es posible?» Las bibliotecas, es sabido, tienen zonas donde, como en las playas, acaba depositada la recieza: ese universo inclasificable de libros perdidos, tomos desparejados, cartas del banco, películas que regalan los periódicos…

En otra estantería, también en el pasillo, la literatura francesa: Julien Gracq, Marcel Proust, la edición de Alianza traducida por Consuelo Berges, que muestra en su lomo las huellas de humedad de un lejano accidente doméstico, y Victor Hugo, *Los miserables*, en cinco tomos, comprados en el Rastro madrileño por seis de las antiguas pesetas, que hojea con confesa nostalgia. «Ya nunca tendremos tiempo de volver a leer-

lo, ni podemos pensar en volver a leer a Dumas, ni a Sartre.»

Hay una habitación, un poco más allá, donde se refugia en invierno del acoso del frío. Porque como la aristocracia rusa de los cuentos antiguos, tiene Zúñiga dos palacios: éste de invierno, y el de verano, allí en la zona glacial de la casa, al fondo, donde podría llegar casi en trineo. Una habitación espaciosa, apetecible, pero donde el frío se cuela por las rendijas de la ventana, y se instala en cada rincón, agazapado; cala los huesos, provoca estornudos y entumece las manos. Así que, aterido, en cuanto llega el frío tiene que refugiarse, con su máquina de escribir y sus notas manuscritas, en este otro cuarto, presidido por una foto de un Chéjov de sonrisa enigmática y quevedos.

La embajada rusa

Ahí, como en una embajada, territorio inviolable, están los libros rusos, algunos de sus más importantes dioses laicos, compañeros de siempre: Turgueniev, Pushkin, Chéjov... Ediciones en cirílico, diccionarios, botes de bolígrafos y lápices, papeles y carpetas. Y el recuerdo, remoto y persistente, de aquel sueño en el que su hermana salía de uno de los armarios y le pedía que se olvidara de ellos, de los rusos. «Deja de preocuparte ya de Rusia», le decía, mientras él terminaba de corregir *El anillo de Pushkin,* sentado ante la máquina de escribir, la mesa llena de papeles, al lado de un enorme radiador.

«Nunca anoto en los libros, sólo a veces en la última hoja en blanco hago una lista de las páginas donde he encontrado algo interesante, pero siempre a lápiz, sin apretar, de forma muy diluida, tanto que al cabo del tiempo se acaba borrando, o desapareciendo. Hace poco descubrí que muchas de las notas que había escrito en cuadernos, a lápiz, se han borrado también.»

Y así nos aventuramos en la zona siberiana, tan cercana a su mundo de nieve, y de estampas cubiertas por la niebla, donde está la literatura portuguesa –Saramago, Miguel Torga, João de Melo–, y la española del XIX: el pobre Galdós, allí abajo, junto a dos archivadores en los que se lee «E. Oriental» y «Larra», y autores de los años veinte del siglo pasado que ha ido persiguiendo o encontrando durante años en librerías de viejo o en la Cuesta de Moyano, donde le gusta rebuscar en los montones, en los tableros, en los estantes: Blanco White y Ciges Aparicio, Carrere y Ángel Pestaña y Cansinos, y Cernuda, un poco más abajo, con Alberti, Machado, García Lorca, Guillén y León Felipe.

Y allí, también, él mismo, en una balda. Airosos como guardiamarinas, sus propios libros con los lomos alineados con el borde preciso del estante, como en las librerías buenas: *Flores de plomo, Capital de la gloria, Misterios de las noches y los días…* Dónde mejor que ahí, en medio de la estepa recorrida por un viento polar, inmaculado. Puestos a exagerar, cortante, que entra por la rendija del ventanal.

LIBRO DEL DESASOSIEGO
Fernando Pessoa

«Esta obra del portugués Fernando Pessoa, inconexa, extraña, la considero la más asombrosa crónica de autoanálisis de un poeta y de simbólica visión de una ciudad, Lisboa».

LA FORJA DE UN REBELDE
Arturo Barea

«Leo esta autobiografía de Arturo Barea y la historia española de un largo periodo del siglo XX surge con los trazos firmes y verdaderos de Galdós, de Baroja y, quizás, de Goya.»

FLORES DE PLOMO
Juan Eduardo Zúñiga

«De cuanto yo he escrito, éste es mi libro preferido porque en él dejé constancia de mi admiración por Mariano José de Larra, e imaginé el Madrid que le rodeó en las horas cercanas a su muerte.»

Luis Alberto de Cuenca
Ático de lectura

La historia comienza con un joven alto y delgado –algo tímido–, vestido como un pincel: traje, corbata con nudo windsor, impecable, y zapatos brillantes, como de boda o cena de compromiso.

Tenía 18 años y andaba hojeando libros en una librería de viejo de la calle del Prado, en Madrid, cuando dio con una extraña edición de *Dr. Jekyll y Mr. Hyde* publicada en 1886 en Edimburgo: tapas de tela sajona, corte superior pintado, perfecto estado, y el precio escrito a lápiz en la primera página: 1.600 pesetas. Como no tenía allí el dinero, fue a casa y se lo pidió prestado a su madre. Y al día siguiente, cuando volvió, el librero, con cierta indecible parsimonia, tal vez secretamente complacido, mirando por encima de sus gafas, le dijo que acababa de venderlo.

No ha querido volver a buscarlo. Ni a preguntar por él, o encargarlo, para no tener que vivir el desconcierto, la fatalidad posible, irremediable, de encontrarlo de nuevo y volverlo a perder.

Salvo ese libro, en la biblioteca de Luis Alberto de Cuenca (Madrid, 1950) se vive la impresión abrumadora de poder encontrar cualquier otro. O todos: *Poeta en Nueva York,* de Lorca, en la edición de Norton; *Paradiso,* de Lezama, en la mítica de la UNEAC, con sus 798 erratas contadas por Cintio Vitier; *El túnel*, de Sabato, publicado por Sur en 1948; todo Gil de Biedma, y Borges, también en primeras ediciones, incluido un ejemplar del *Libro de sueños*, con la firma autógrafa del propio Borges... Hay una parte, sí, de selva amazónica, de lomos cruzados y torres en equilibrio difícil, y otra, también, de jardín francés, de fuente rumorosa y parterre recién podado, o casi.

Hay Azorín, claro, Panero, Arreola, José del Río Sainz, Martín-Santos, Galdós... Todo en un juguetón universo de muñecos y de exvotos paganos: R2D2, el robot de *La guerra de las galaxias*, Winnie the Pooh, Tintín, Miss Piggy, Mickey, el Capitán América; Nosferatu, la mirada encendida, en una balda y la Castafiore, el gesto seductor, en otra, una bandera pirata... Dos.

Por la ventana

Se cuenta de un poeta laureado –nunca ha llegado a saberse quién, con seguridad, y es una historia que se atribuye a varios– que un día tuvo que escapar de sus propios libros. Repletos los estantes y vitrinas, amontonados, por el suelo, ocupadas las mesas y las sillas, a punto de ser aplastado o engullido, consiguió huir, casi en el último minuto, abriendo una ventana y saltando por ella hasta la calle.

No es éste el caso, siquiera por la altura: es difícil saltar desde un ático, al menos con la idea de salvar la vida. Pero la de Luis Alberto de Cuenca es también, como aquélla, una biblioteca victoriosa, sobrada, que ganada la batalla, como las viudas negras, optó por la anexión y se acabó quedando con la casa. Aquí no vive nadie, sólo los libros. De ahí el comentario atónito del editor y librero Abelardo Linares, hace tiempo: «Desengáñate, Luis Alberto, tu casa es ya una librería de viejo».

Y como en las librerías de viejo, hay algo de inextricable, laberíntico, de código secreto cuya clave sólo conoce él. Hay libros en francés, en inglés, en alemán, los idiomas que habla o que traduce, pero también en ruso o en acadio –el *Poema de Gilgamesh*–, de los que no sabe una palabra. Y uno salta de *El*

conde de Montecristo –primera edición ilustrada, en francés– al Capitán Trueno o a Ferlosio, *El Jarama*, y de ahí a Valéry, *Le Cimetière marin*, y sin transición, al *Shakespeare* de Victor Hugo, del que tiene dos ejemplares, uno para cada uno de sus hijos, como herencia.

«Son muchos años ya, desde los 16 o 17, obsesionado con los libros, incluso antes», recuerda. «A los doce tenía ya un mueble donde empecé a guardar mis primeros libros: dos tomos de Juan Ramón Jiménez, de la Biblioteca de Premios Nobel; las obras completas de Shakespeare, que me regalaron por las notas de la reválida de cuarto; y también novelas de aventuras y tebeos. He sido, y soy, un gran consumidor y coleccionista de tebeos: Roberto Alcázar, El Espadachín Enmascarado, El Guerrero del Antifaz... Recuerdo las ediciones de la

editorial Maga, que era, en realidad, un acrónimo del nombre del fundador, Ma-Ga, de Manuel Gago, y las de Bruguera, en formato apaisado, que se vendían por entregas y que acaban siempre con un misterioso continuará…»

En esa antigua, al tiempo juvenil, estantería –azul– de adolescente, están hoy las obras completas de Valle-Inclán, todas en primeras ediciones, salvo *Epitalamio* y dos sonatas: la de *Estío* y la de *Otoño*, que le faltan.

Porque admite, entre otras manías, una por lo que llama «completismo». Tiene completas las colecciones de La Novela Semanal, El Cuento Semanal, La Novela de Hoy –en la que encuentra un tomito, *hélas!*, con una esquina doblada–, la de Clásicos de Gredos, la de novela policiaca de Júcar, la de la Isla de la Tortuga, sobre piratería, de la editorial Renacimiento… Y hay una infantil obsesión por acabarlas, como los viejos álbumes de cromos. Por eso no sólo cuenta lo que tiene, sino también, llegado el caso, lo que falta o lo que hasta hace poco le faltaba. Por ejemplo, de la colección Crisol, un único tomo, el 43 (bis), de Lorenzo Riber, titulado *Marco Valerio Marcial*, que buscó durante años hasta que acabó dando con él.

La fila de atrás

Hay también una biblioteca secreta. Tan grande, por lo menos, como la que se aprecia a simple vista, con algo de iceberg sumergido: la segunda fila –y en ocasiones tercera– que obliga a un trajín de libros que va retirando y a los que le cuesta buscar acomodo, siquiera provisional, para ir abriendo huecos. Ahí, en la fila de atrás, invisibles pero perfectamente localizados, están Larra, *El pobrecito hablador*, obras de Mary Shelley o Keats en unos tomitos minúsculos, encantadores, del editor Cabrerizo; Moratín, Iriarte, Samaniego...

Recoloca los libros, eso sí –otra manía–, cuidando de que los lomos queden alineados con el borde de los estantes. Como un Tetris libresco, cada hueco lo ocupa un libro hecho a medida, en apariencia, para el sitio. Tolkien en una balda completa, junto con la colección, también completa, de personajes de Asterix de los Kinder Sorpresa, y Chateaubriand –el bueno de Chateaubriand a cuya tumba fue Sartre a escupir– al lado de Lucky Luke. También Frank Miller, Dostoievski, Mallorquí...

La poesía, toda, en lo que fue en su día la terraza, el lugar de las plantas, las cuerdas de tender, las regaderas, y donde hoy apenas cabe un libro.

«A pesar de lo que pueda parecer, soy muy selectivo», dice. «Podría tener muchos más, pero procuro quedarme con los libros que me interesan, los necesarios, los buenos. Y no, nunca los firmo, ni los sello, ni hago anotaciones, porque los libros no tienen dueño, son de todos; ahora están aquí, pero acabarán en otro sitio, donde sea, y pertenecerán a otros lectores: la primera edición de *Tarzán*, de Burroughs, que está ahí atrás, o ése, del padre Calmet, que es el primer tratado de vampirología, publicado en 1751, o los quince tomos de las obras de Agatha Christie publicados por Aguilar.»

Y ahí seguimos un rato, casi pasando lista: los hermanos Machado en un mueble, Ibsen en otro, Evelyn Waugh, y Sartre, Mozart, Voltaire...

«Donde no te voy a subir es a la buhardilla», dice, y miro de reojo por la ventana, disimulando, hacia abajo. Por si hay que acabar tirándose.

LE DIABLE AMOUREUX
Jacques Cazotte

«Es una de las primeras novelas de literatura fantástica, y adoro la novela fantástica: Borges, Villiers, Gautier… Éste es un libro que me descubrió Todorov, de un tipo que murió en la guillotina, y cuya primera edición encontré en una librería de Basilea.»

LA MUERTE EN BEVERLY HILLS
Pere Gimferrer

«Gimferrer es mi maestro. Si descubrí la poesía, y si quise escribir poesía fue gracias a él. Me gusta toda la poesía de Gimferrer, y éste me parece su libro más sugerente.»

LA CAJA DE PLATA
Luis Alberto de Cuenca

«De todos mis libros es al que tengo más cariño. Estuve un tiempo dedicado con exclusividad a las oposiciones, y éste fue un reencuentro con la poesía por la puerta grande: ese año fue Premio de la Crítica.»

Carmen Posadas
Orden en el caos

Me han pedido que espere un momento, y aprovecho para echar un vistazo distraído, levemente indiscreto, mientras escucho al otro lado de la casa el sonido metálico, familiar, de un aparato de radio.

En una de las paredes del salón, la del fondo, hay dos estanterías empotradas, elegantes y altivas, protegidas por una rejilla metálica. Obras –me acerco y veo a través de las puertas, como una celosía– de Tirso de Molina y Shakespeare, todas en Aguilar, encuadernadas en piel de color rojizo; de Balzac –cuarenta y cinco tomitos publicados en París en 1884–, y de Dickens: sus obras completas con los lomos azul claro, de tela, con brillantes dorados, como el traje de un almirante.

Hay también un escritorio, antiguo, junto a uno de los amplios ventanales que dan a la calle, y sobre él una lámpara con tulipa verde, de escribiente o notario, y un pequeño montón de libros, tres o cuatro, puestos como al acaso en una esquina. El primero, lo cojo con el reparo del patoso, es una edición de 1948 de André Gide, *Éloges*. Una serie de apuntes biográficos de escritores contemporáneos: Lautréamont –veo en el índice–, Rimbaud o Conrad, cuyo texto comienza, en impecable francés: «Je me demande si c'est la fin», que no deja de ser una curiosa manera de empezar.

Carmen Posadas (Montevideo, 1953) ha vivido siempre con

libros. Uno de sus recuerdos de infancia tiene que ver con su padre –abogado, político, profesor de literatura, diplomático– leyéndoles, en voz alta, obras de Sherlock Holmes, *La Odisea* o el *Tesoro de la juventud*, sentados los hermanos, por la tarde, en la biblioteca de su casa.

Su padre, hombre ordenado, políglota, lector empedernido, que tenía la curiosa costumbre, el empeño notable de hacer un recorrido cronológico por la literatura de los países a cuyas embajadas era enviado. De modo que sus estantes eran un plano de destinos, de viajes y maletas, y trayectos siempre provisionales: España, Rusia, Argentina, Inglaterra; no sé si en ese orden.

Páginas dobles

Aquellos libros de su padre andan desperdigados ahora por varias casas, en diversos países, y algunos están aquí, en las estanterías empotradas del salón: Gide, Stendhal, Cohen, Dostoievski, Proust... Muchos editados por Gallimard en La Pléiade, bien encuadernados, airosos, elegantes, al lado de una baldita, aparte, de primeras ediciones, exquisitas y probablemente valiosas: *Finnegans Wake*, de Joyce, de Faber & Faber;

Lolita, de Nabokov, editado por Putnam's Sons; o *Lord of the flies,* de Golding, de Coward-McCann; todas regalos de amigos, o heredadas.

Porque a pesar de lo que pueda parecer, así en primera instancia, se confiesa poco fetichista, nada bibliófila. Y, de hecho, de muchas obras de esas estanterías de tiradores dorados tiene dos ejemplares: el de los entorchados –más para fotos y visitas–, y otro, el de leer, con frecuencia en ediciones de bolsillo, cómodas y baratas, que destroza. «Me gusta subrayar, doblar, ano-

tar, marcar las páginas, así que éstos procuro preservarlos», afirma. «Hace poco he vuelto a leer *Historia de dos ciudades*, de Dickens, y lo he hecho en una edición de Penguin, mientras miraba, eso sí, las ilustraciones en ésta.»

Las bibliotecas tienen distintas caras, miradas engañosas, rendijas y pasajes, y caminos y atajos previsibles. Antes de ésta del salón hemos pasado por otras: la del hall, que ocupa una pared completa, donde hay enciclopedias, diccionarios, libros de historia y de toros, a los que es muy aficionada, guías –muchas– de países a los que ha viajado, muy usadas, una pequeña colección, nutrida, de tomos de Redonda, ese reino insólito de Javier Marías, y una balda completa, abajo, rebosante de libros interinos, descolocados, para ordenar. «Tengo que ser muy ordenada», dice, «porque soy muy caótica». Y debe serlo, caótica, porque en el comedor –ensayo, filosofía, economía, libros que eran de su marido– los volúmenes muestran un orden impecable, los lomos alineados con las baldas, en una librería de esquina abarrotada.

Le gustan, eso sí, los lugares recogidos, umbríos y protegidos, para leer: un rincón del salón, con un sofá ante otra biblioteca, grande, dedicada a la ficción. Poesía y biografías, a un lado, y novela, en el más amplio sentido de la palabra, enfrente, en orden más o menos alfabético, con sus extraños, obligados, vecindarios: Houellebecq junto a Hölderlin, Highsmith junto a Hesse, un par de tomos de Felisberto Hernández, y E. T. A. Hoffmann, por ejemplo, en la hache. En la G, reparo en Almudena Grandes, *Malena es un nombre de tango*, que leyó un verano en la playa; en la W, en Tom Wolfe, el elegante Wolfe, y en la B, Böll y Borges, del que no aparece, por mucho que rebusca, *El Aleph*, que recuerda tener fatalmente prestado. Y dice fatalmente porque hay también una parte de su biblioteca perdida, ausente, faltante, siempre echada de menos. Una parte de libros que ha prestado –amigos, familiares y hermanos olvidadizos con quienes se empeña en compartir lecturas–, y que no ha recuperado. Faltan cosas de Amis, de Vargas Llosa, de Nabokov, y la constatación de cada hueco trae el recuerdo engorroso de la morosidad.

Lecturas tempranas

También lecturas tempranas: Hartley, *El mensajero*; Somerset Maugham; Cortázar, casi todo; y recientes: Zadie Smith, *Dientes blancos*, que ha prestado y no está. Todo salpicado de fotos familiares –color y blanco y negro–, y una con Fidel Castro sobre la que está a punto de contar una historia. Lástima. Arriba, a mano, muy usado, el *I Ching*, el libro chino de las consultas, al que preguntaba a menudo, hace años, y en el que conserva todavía las tarjetas con las tribulaciones. «¿Por qué duermo fatal?», preguntaba en 1993. A lo que el libro, sabio, respondía: «Existe un impedimento, pero es virtud de la montaña quedarse quieta ante el envite de los elementos». Muy tranquilizador.

Hay más, John Irving –que le gusta–; Ian McEwan –que no acaba de llegarle–; Virginia Woolf –de la que prefiere su faceta de ensayista–, y también Joyce, y Pombo, y otro libro, desparejado, de Reino de Redonda... «Quien me cambió la vida fue Kafka», afirma. «Cuando leí *La metamorfosis*, recuerdo los sentimientos enfrentados que sentía como lectora: porque por una parte es un libro realmente turbador, pero también extrañamente humorístico. El humor para mí es fundamental en la literatura, y no conozco un solo libro que me haya gustado que no contenga una mínima, a veces sutil, dosis de humor.»

Por lo demás, una promesa que cumple a rajatabla últimamente: no volver a comprar libros en los viajes, a excepción de esos que le trae a su nieto Jaime (tiene un año), para quien está reuniendo la colección completa de Tintín. De momento, van –dice– por *Los cigarros del faraón*.

Antes de irme me disculpo por el libro de Gide, descolocado sobre el escritorio, en la entrada. Y me cuenta que es raro, lo de Gide. Que siempre pone a Dumas, por si a alguien le da por mirar.

Pero creo que lo dice de broma.

REBELIÓN EN LA GRANJA
George Orwell

«En Uruguay iba a un colegio británico, y dábamos todas las clases en inglés. *Rebelión en la granja* es un libro que leímos en clase, casi actuando: uno hacía de caballo, otro de cerdo, y hay fragmentos que todavía me sé de memoria.»

ESTA NOCHE MORIRÉ
Fernando Marías

«Creo que con demasiada frecuencia se confunden los buenos sentimientos con la buena literatura, y es algo que me tiene un poco harta como lectora. Ésta es una novela muy sorprendente y muy implacable ya desde el principio. Empieza así: "Me suicidé hace 16 años".»

INVITACIÓN A UN ASESINATO
Carmen Posadas

«Es un homenaje a los clásicos del género policiaco. A Agatha Christie, a Conan Doyle y también a Hitchcock. Sus ingredientes, si esto fuera una receta de cocina, son: un poco de sátira social, una pizca de introspección psicológica y mucho, mucho humor.»

Francisco Rico

Libros interinos

Me dice que jamás un periodista debe cometer el error inmenso de requerir una anécdota. Que basta con pronunciar las palabras fatales –«seguro que recuerda alguna historia curiosa que le haya ocurrido con un libro»– para que se levante un muro infranqueable de silencio. Y ya no haya remedio.

Estamos en su estudio, el sitio donde trabaja. Una mesa funcional, yo diría que perfectamente ordenada, casi pulcra, de aspecto vagamente oficinesco: un teléfono, un cenicero, un ordenador con impresora, un par de fotos familiares y el resto, alrededor, todo libros. ¿Cuántos? Nunca lo ha sabido. Aquí está Petrarca, humanismo italiano y latino, Nebrija, literatura románica medieval... Ocurre con frecuencia que alguien que trae un sobre, unos libros o flores –nunca se sabe–, intimidado por el horizonte de estantes atestados, pregunta con secreta admiración, con pasmo o lo que sea: ¿Y esto? ¿Lo ha leído usted todo? Lo que motiva la respuesta de siempre, esquinada y en apariencia arisca: «Claro que no, por favor, cómo voy a leer todo esto». Los libros, sostiene, no son para leer, no todos o no siempre, sino para usarlos. Y ahí lo deja, sin más explicaciones.

Francisco Rico (Barcelona, 1942), todo el tiempo fumando, dice que los libros tienen sus historias, mejores o peores, curiosas u ordinarias, secretas o confesas. Y que de cada uno sería capaz de contar alguna. La de ése, por poner un ejemplo, que tuvo en préstamo durante más de treinta años, desde principios de los setenta, hasta conseguir comprar otro. Un ejemplar facsímil de *Virgilianus Codex* propiedad del Seminario de Filología Clásica, que devolvió a mediados de 2002, reencuadernado y restaurado, por mensajero, con una lacónica nota en la que se disculpaba por el retraso. O la de ese otro que acaba de comprar por Internet, *Assembling the Lyric Self*, de Olivia Holmes, un libro inencontrable del año 94, que localizó en manos de unas monjitas misioneras en una isla australiana, allí en los antípodas, que lo habían puesto en venta en Amazon y que ahora está sobre su mesa.

Llegamos tarde

Hay un problema, eso sí, inexcusable, y es que hemos llegado tarde. Algo que nos recuerda cada poco. Como diez años tarde. Porque esta biblioteca que no ha hecho más que crecer y construirse, y vivir tiempos de bonanza durante décadas, lleva ahora años aligerándose, descargándose y desembarazándose. De aquí han salido, últimamente, en cajas o cajones, por miles –nunca ha sabido cuántos–, libros que van a la Biblioteca de la Universidad Autónoma de Barcelona.

Así, se aprecia en las baldas una cierta sensación de viudedad, de prejubilación o ERE: estantes abarrotados, junto a otros que clarean; libros casi encajados al lado de otros que se mueven con sorprendente holgura, a sus anchas, como quien calza unos zapatos grandes. «Es obvio que tengo muchos más

libros que vida posible para usarlos», afirma. «Así que los he legado todos a mi universidad, a condición de que no estén en una sala aparte, sino que entren en el catálogo general. He enviado varios miles de ellos, incluidos, por bloques, los temas sobre los que no pienso escribir ya, y cuento con seguir haciéndolo a buen ritmo.»

Allí, en su universidad, están los dedicados a Colón, la poesía del Siglo de Oro, las bibliografías, o los *Quijotes*, muchos, desde el mismo 1605: la edición de Ibarra encuadernada por Sancha, la editada en Londres en 1738, la de Bowle, la primera y la segunda de Doré... Mientras que aquí, los que quedan, y sobre los que pesa la amenaza del éxodo, se dispersan por habitaciones, pasillos, zonas de paso de tres casas, y tres garajes donde, a oscuras, encerrados, están, entre otros, los libros de lingüística y teatro, cine, Chomsky y Trapiello.

En el salón, novela española contemporánea –Ferlosio, Marías, Goytisolo, Matute, Mendoza–, muchos en primeras ediciones, muchos, también, dedicados, y poesía: Blas de Otero, *Pido la paz y la palabra*, en el que se lee, en la página de cortesía, «A Francisco Rico, con amistad». Al lado, Barral, Valente, Hierro, Gabriel Ferrater y todo Gil de Biedma. «Todo esto, casi todo, se va», dice, no se sabe si con íntima nostalgia o con secreto alivio.

Literatura francesa, inglesa y portuguesa, en sus lenguas: Stendhal, Yourcenar, Cohen y Eça de Queiroz, *El primo Basilio*. «Esto está ya preparado.»

Literatura italiana contemporánea: Calasso, Ceronetti, Montale, De Roberto, *I Vicerè*. «Esto se irá también.»

E hispanoamericana: Sabato, Vargas Llosa, Uslar Pietri...

De vez en cuando, algún montón de libros, sobre una mesa, un velador, o apoyados en la baranda de la escalera. Son libros que están de camino, y que han hecho una parada ocasional. Libros que entran y salen, del estudio, por ejemplo, a la casa –Barea, Rulfo, Roth–, o viceversa –Kafka, Luis Mateo, o el vizconde imaginario de Lascano Tegui, *De la elegancia mientras se duerme*–, y se quedan en tránsito. «Leo muchos libros nuevos, sobre todo de historia contemporánea, disfruto muchísimo lo que me cuenta cada página, y lo olvido inmediatamente.»

Escopeta de balines

De nuevo en el estudio, una sección de clásicos, historia de España e historia medieval, también parcialmente vaciada. Y, sorpresa, una escopeta de balines. Le pregunto si la usa y me dice que sí. Que es para las cotorras tropicales, las pobres.

Cuando alguna se cuela en su jardín, ruidosa y entusiasta, no duda en despacharle una perdigonada. ¿Certera? Asiente –la mirada de los cien metros–, y afirma que se ha cobrado no menos de media docena de ellas, que lo mismo está penado.

Al lado de un ventanal, el sitio de leer. Una pequeña mesa iluminada, con carpetas, un bote de bolígrafos, otro cenicero, y los libros de la noche anterior: *Lire et écrire à Babylone* y *Christianity and the transformation of the book*. Y un atril, lleno de ingenios desarrollados por él: una goma elástica, un soporte, cintas y contrapesos que sirven para mantener el libro cómodamente abierto –hace una demostración–, junto a una tabla pequeña, de cortar embutidos, donde coloca el gin tonic.

Hay más: un cierto laberinto de pasillos y habitaciones. Bibliotecas que vemos, y otras que no, o únicamente de lejos: trovadores, literatura medieval, Pidal, Cervantes…

«Claro que hay muchas cosas que no encuentro. Tengo un problema de vista: veo bien de cerca, y de lejos, pero esa distancia media, los sesenta o setenta centímetros que requiere buscar en los estantes, me resulta difícil, y luego está la pereza de buscar, así que a veces renuncio.»

Y acabamos. Encuentro un viejo ex libris, de cuando tenía diez años; tiene sus iniciales, F. R. M., y la conocida frase en italiano: «Se non è vero, è ben trovato», que tampoco es mal final.

Mucho mejor, sin duda, que terminar pidiéndole que se cuente una anécdota.

THE HOLOCAUST IN AMERICAN LIFE
Peter Novick

«Es un libro que me recomendó Noam Chomsky. Pocos libros me han enseñado tanto sobre tantas cosas: la épica medieval, el cine de Hollywood antes de 1958, los nacionalismos, la condición humana…»

MIS CONVERSACIONES PRIVADAS CON FRANCO
Francisco Franco Salgado-Araujo

«Es fascinante como un muro de cemento y hondo y vacío como un pozo seco. De todos modos, el personaje que más me interesa, el que no me cansa nunca, es Pacón, no Paquito.»

GABBIANI
Francesco Petrarca
A cura di Francisco Rico

«Es la *princeps* de los epigramas latinos de Petrarca, en edición crítica, y me ha divertido mucho irlos comentando tendenciosamente.»

José María Merino
El lector encerrado

«Es que tengo un desván en León», comienza diciendo, como un lejano eco de Isak Dinesen en *Memorias de África*, ante el montón, abrumador, de los libros pendientes. Son cuatro o cinco torres que ocupan una esquina de su estudio, tras el sillón, y que cubren un par de cajas de cartón y una pequeña escalera abatible de tres peldaños, como un magma.

Coronando uno de los montones, un pistolón antiguo, que da miedo. Un pesado revólver oscuro y oxidado de las guerras carlistas, sistema *lefaucheux*, recuerdo lejano de algún familiar insurrecto. Alguien, manipulándolo, torpe, se cargó el mecanismo del tambor, y ahora sólo funciona como pisapapeles.

José María Merino (La Coruña, 1941) tiene un desván en León, y una casita de campo en Valdemorillo. En ella, su biblioteca de ciencia ficción, los libros de fantasía científica y los tebeos, a los que profesó una gran afición de joven. Y en el desván, forrado de estanterías que ha montado él mismo, industrioso y manitas para sus cosas, guarda lo que llama «descartes»: libros ya leídos, ya vistos o de lectura aplazada (a veces indefinidamente), que salen de casa de vez en cuando, en cajas y maletas, después de pasarse meses bajo el revólver, hasta ver.

Cada día, calcula, llegan dos o tres libros que le envían las editoriales, o los amigos, y que engrosan el montón. Hay en su caso, además, una resistencia crónica a deshacerse de ninguno, porque siempre aprecia en los libros un cercano o lejano interés, y para cada uno encuentra una razón, una coartada, una excusa que garantiza el purgatorio. De modo que es inevitable una cierta sensación de asedio: los libros, en su casa, ocupan el pasillo –poesía, novela, ensayo, arte–, y entran después en cada una de las habitaciones. En una, cuentos tradicionales y modernos; en otra, libros y guías de viaje de los sitios en los que ha estado: París, Roma, Boston, Compostela… Y en otra, libros de consulta y diccionarios: el Corominas, el Casares, el *Diccionario militar* de Almirante, *Los verdugos españoles*, de Sueiro, y la Enciclopedia Espasa completa, intachable, que heredó de su padre, dado que es el mayor de los hermanos.

Los primeros libros

Tiene también, Merino, una biblioteca sentimental, como él la llama, de primeras lecturas. Una biblioteca de regalos de Navidad, cumpleaños y afines: *La isla del tesoro* editada en la colección juvenil Cadete, de Editorial Mateu, y *Heidi*, de Jo-

hanna Spyri, publicada por Juventud en 1940, regalo de uno de sus tíos, y que fue la primera novela que recuerda haber leído.

«Guardo muchos de mis primeros libros», comenta. «Me gusta verlos, hojearlos. Sobre todo los que me abrieron el camino a la mitología. Conservo otro también, *El libro de oro de los niños*, editado en México en el año 1946 por la editorial Acrópolis, de la que era director literario Benjamín Jarnés. Son seis tomos, ilustrados, que me fue regalando mi padre y en los que se alternan juegos, trabajos con papel, poesía, lecturas históricas, o sobre animales, fábulas... Unos libros preciosos.»

En el estudio, donde trabaja, libros de historia, historia americana, y ensayo literario, por resumir. Señala, en una de las baldas, la obra narrativa de Max Aub. En otra, *Una historia de la lectura*, de Alberto Manguel, y casi al lado, *La poesía y sus circunstancias*, de Ángel González, que tiene un sello de la librería Fuentetaja, de Madrid, donde va de vez en cuando para ver novedades o hacer algún encargo.

Delante de los libros, tropezando entre lomos, pequeños recuerdos: tarjetas, un premio, amuletos –gallos y monos–, muchos, y una imagen de san Andrés de Teixido.

Cuenta que cuando murió su padre, Bonifacio Merino, gran lector, los hermanos se repartieron una biblioteca en la que

recuerda haber leído a Chesterton, Voltaire y Victor Hugo, que tampoco está mal.

Parte de aquellos libros destacan ahora, por su encuadernación, en las estanterías del pasillo: Eça de Queiroz, la mitad, exacta, de Galdós (la otra se la quedó un hermano), y también Conan Doyle, Ibsen, Rubén Darío, Pardo Bazán y Rosalía de Castro, la obra completa encuadernada en rojo en Aguilar, que Merino –buena voz, dicción medida, gesto acorde– leía en voz alta, en casa, durante las fiestas familiares. «Leía también a Bécquer, *El monte de las ánimas*, siempre la noche de Difuntos. Y en Nochebuena a Pedro Antonio de Alarcón. Es un recuerdo de Navidad, muy familiar, con mis hermanos y mis padres de espectadores. Me decían: José Mari, ¿por qué no nos lees?»

El resto del pasillo está ordenado, más o menos, por orden alfabético: Álvaro del Amo, Aub, Aramburu, Asturias, Babel, Baroja, Berger, Benet… Kemal, por la K, un escritor por el que tiene especial predilección. Y por la M, Marías, Mann y Mailer. Casi al final, abajo, Twain y Verne.

La habitación de los cuentos

En su habitación, los cuentos. Chéjov, Borges, Somerset Maugham en una antigua edición de Janés, Jan Neruda, *Cuentos de Malá Strana,* Rulfo o Martínez Menchén. Y en una balda discreta, arriba, por las niñas, comenta, refiriéndose a un tiempo antiguo, algunos títulos de literatura erótica.

Viajero empedernido, le gusta leer en los trenes y aviones, y guardar, dentro de los libros, billetes y tarjetas de embarque. En otros, hojeando, aparece una firma antigua en la primera página. Por ejemplo, «París, junio de 1965», en una recopilación de cuentos de Maupassant.

«Leo siempre un rato en la cama, o bien en el sillón del estudio, y en los viajes. Cada vez que me voy a alguna parte selec-

ciono con cuidado lo que quiero llevarme. No me gusta leer en la naturaleza, en el campo o en la playa, sino más bien encerrado, en un tren, en un avión, en una habitación.»

Hay, también, en sus estanterías, muchos autores jóvenes, sobre los que procura estar siempre bien informado: Martín Casariego, Irene Jiménez y Benítez Reyes. Algunos en doble fila, ocultos u ocultando: Cristina Fernández Cubas, Julio Camba, Freud... Y por ahí, un poco perdidos, a trasmano, empotrados, o casi, entre los otros, sus propios libros, algún ejemplar suelto, ya que el resto está en el trastero.

Entre las curiosidades, un libro de Luis Mateo Díez, *El espíritu del páramo*, del que cuenta una historia.

Cuando lo recibió de la editorial, y lo hojeó, descubrió que, por un error de impresión, había catorce páginas en blanco. Pero en vez de devolverlo, o comprar otro, se le ocurrió que tal vez su amigo Luis Mateo, a ratos, con tranquilidad, sin prisa, accediera a escribir a mano el texto que faltaba en esas hojas. Con letra menuda, eso sí, ordenada, recta, algo administrativa. Y ahí lo tiene ahora, encuadernado como una joya, con las catorce páginas manuscritas. Que ya es mérito.

Llaman. Traen otro libro.

LA MONTAÑA MÁGICA
Thomas Mann

«Es el libro que cierra la historia de la gran novela, que comienza con el *Quijote* y acaba ahí. Después han venido secuelas de esta gran novela, y el renacer del libro de caballerías.»

EL REINO DE CELAMA
Luis Mateo Díez

«Es una novela coral que recrea un mundo imaginario, Celama, que narra lo que fue la decadencia de nuestro mundo rural creando un ámbito mítico muy poderoso. En ese sentido, es un libro paradigmático en la literatura española contemporánea.»

EL HEREDERO
José María Merino

«En este libro pretendía contar la historia de una familia española a lo largo del siglo XX. Me dio muchísimo trabajo sintetizar algo que parecía pedir más extensión. Y me costó grandes esfuerzos de estructura.»

Mario Vargas Llosa
Los libros de las cuarenta casas

Cortesía de Mario Vargas Llosa

Un día, hace años, decidió hacer un recuento de las casas en las que había vivido. Un plano exhaustivo de ese universo, difuso, de sillones y cuartos de estar, rincones vagamente familiares, habitaciones y armarios. Estableció, por abreviar, un mínimo de un mes de estancia para que contaran; pisos, cuartos, apartamentos, habitaciones de hotel, hasta que la lista superó las cuarenta. Y ahí lo dejó.

Los libros –dice, por experiencia, con solidaridad secreta– sufren con los traslados. Se rozan las cubiertas, las esquinas se doblan y con irritante frecuencia se extravían en ese agujero negro de maletas y cajas, equipajes y bolsas y bodegas de barcos y de aviones.

Y algo de esa dispersión del viajero infatigable, de mudanza y trasiego, hay en la biblioteca de Mario Vargas Llosa (Arequipa, Perú, 1936). Las huellas de la errancia, las idas y venidas y las cuarenta casas. Eso y un vago rastro de los libros perdidos: los de su adolescencia, sus primeras lecturas, los textos de colegio y de universidad que devoraron –pacientes e insaciables– el tiempo, el polvo y los gusanos, no sé si exactamente en ese orden.

Era 1958. Dejaba Perú para viajar a Europa y tras él, envueltos en naftalina y picadura de tabaco negro, algo más de mil libros guardados cuidadosamente en cajas en el desván de la

casa de sus abuelos, allí en Lima; el peor clima del mundo para el papel. Cuando regresó, cinco años después, se encontró con el escenario de la catástrofe: las cajas deshechas, lacias, abiertas muchas de ellas, abarquilladas, y los libros enmohecidos, llenos de puntos de óxido, y horadados de túneles y galerías por los que la polilla se había abierto camino, sobre todo –misterio nutritivo, alimentario– en las cajas de los libros de historia.

Recuerda una rareza que dejó en el desván. Un tratado de Pascual de Gayangos sobre novelas de caballerías que desapareció y supuso malcomido, y que encontró tiempo más tarde –uno de esos milagros de los libros– perdido en la tienda de un anticuario que se lo vendió sin saber que era suyo. Porque siempre ha tenido la costumbre, algo escolar, burocrática, de acta o atestado, de firmar los libros con su nombre, la fecha y la ciudad; de anotarlos y, una curiosidad inquietante, también de puntuarlos. Del uno al veinte, como se hace en las escuelas en Perú.

Notas escondidas

Así, en las páginas de cortesía de muchos de sus libros figura la calificación, ostensible en el caso de los autores muertos,

y oculta, a veces en las cubiertas, disimulada, si están vivos.

«Escondo la nota para evitar que un día, por accidente, puedan ver el libro y descubran que su puntuación no es alta», afirma. «Y con los escritores amigos, como no puedo ser objetivo, no los califico o, en todo caso, lo hago de una manera mental.»

Aquella biblioteca perdida, engullida por la humedad y los pececillos de plata, infortunada, empezó a reconstruirse en París, pasó después por Londres, luego por Barcelona –viajera empedernida–, y acabó en Lima, de nuevo, donde hoy hay alrededor de veinte mil volúmenes, la parte más numerosa. Hay también en Madrid, unos cinco mil, y en París, otra pequeña parte. Y una sala de control, como las de la NASA, salvando las distancias, donde un programa informático al que mira un

poco de reojo, con la admiración rendida y el recelo de la incapacidad tecnológica, comunica las tres bibliotecas y permite saber dónde está cada libro: en qué ciudad, habitación, cuerpo, balda; ensayo, poesía, novela, teatro, arte, filosofía…

Veinticinco mil ejemplares en total, salpicados de hipopótamos, o más, porque tiene la manía, una de tantas, de no desprenderse de ningún libro, nunca. Cada uno que entra en su casa –bueno, malo, necesario o fatalmente prescindible– obtiene, según cruza el umbral, plaza a perpetuidad en los estantes, fija como la de un funcionario.

Hay también repetidos. Títulos que están duplicados, y a veces triplicados, en varias ediciones, distintas traducciones, en todas las bibliotecas. Son los imprescindibles: *Tirant lo Blanc*, *Guerra y paz*, el *Quijote*… «Desde hace tiempo releo muchos de los libros que en su momento me gustaron», cuenta. «Faulkner, Tolstói, todo Conrad, mi admirado Conrad, y muchos clásicos, también, Góngora, Cervantes, *Guerra y paz*, que he releído por lo menos tres veces, y Flaubert.»

En 1959 estaba recién llegado a París. Acababa de instalarse en la buhardilla del hotel Watter, donde terminaría, meses después, el manuscrito de *La ciudad y los perros*, y se acercó hasta La Joie de lire, la mítica librería de François Maspero, donde compró un ejemplar de *Madame Bovary* que leyó, deslumbrado, esa misma tarde. Aquella habitación de hotel, pequeña, cubierta de esa luz parisina tamizada, de visillo, casi de fluorescente, se fue llenando con el tiempo de libros, pero hubo un momento en que ése de Flaubert fue el único que había.

En su biblioteca tiene, hoy, un ejemplar de la primera edición –costaba un franco en 1857, según figura en la cubierta– comprado a un anticuario en Londres cuando firmó el contrato de *Historia de Mayta*, y al lado, la primera edición de *Los miserables*, de Victor Hugo, que también se regaló con el anticipo de otra novela, *El Paraíso en la otra esquina.*

Lucha contra el desorden

Todo perfectamente ordenado, en su sitio preciso, localizado, porque confiesa una lucha sin cuartel, temeraria, contra el desorden. Cada uno, dice sonriendo, trata de ser su contrario.

Está Azorín, algunas de sus primeras ediciones; Orwell, *1984*; Kipling, *Kim*; Lawrence, *Revolt in the desert...*

«Tengo, por resumir, tres tipos de lectura, una obligatoria, de documentación no sólo para artículos o conferencias, sino para las novelas, porque no se trata tanto de escribir historias veraces como de conocer entornos históricos, paisajes y personajes que aporten seguridad; también releo mucho, y luego está la actualidad. Soy desconfiado con lo que se publica, por un problema de tiempo. Cuando era joven aspiraba a leer todos los libros; hoy procuro ser más selectivo, antes nunca dejaba un libro sin terminar, hoy soy menos paciente.» Es fácil encontrarlo leyendo en cafés, en los trenes y en las bibliotecas, mucho. Recuerda su paso por la British Library, y por la Nacional de Madrid. Allí estaba una mañana, leyendo sobre Flora

Tristán para una de sus novelas, cuando se acercó, alterada, el gesto agitado, una joven empleada. «Lo llaman por teléfono, es urgente», le dijo en ese ambiente aséptico de ruidos y comentarios a media voz que de repente se volvió un arrebol de pasos, y carreras y toses apagadas. Era su hija Morgana, quien le retransmitió por teléfono el miedo, la confusión, el pasmo de los primeros terribles minutos después de que los aviones se estrellaran contra las Torres Gemelas. Cuando volvió a su pupitre a recoger, ya se repartía entre los lectores, todavía anonadados, una hoja impresa, con la noticia.

Cuenta todo esto con un libro de Borges en la mano, *Ficciones*. Con su firma, la fecha y el lugar donde lo leyó. Su ex libris, un haz que le regaló un amigo, y una nota: 19. Lo mira con secreta complacencia. Y añade: «Ahora le pondría un veinte».

MADAME BOVARY
Gustave Flaubert

«Fue un libro cuya lectura me cambió la vida. Una experiencia deslumbrante y emocionante, y que tuvo un efecto muy duradero. Me enseñó el escritor que yo quería ser, y que hasta entonces no sabía.»

FICCIONES
Jorge Luis Borges

«Destacaría de este libro la originalidad de sus historias, la elegancia de su prosa y la perfecta concisión de su lenguaje. Uno de los que más me ha gustado nunca.»

CONVERSACIÓN EN LA CATEDRAL
Mario Vargas Llosa

«Si tuviera que salvar de un incendio uno solo de mis libros sería éste el elegido, por el enorme trabajo que me costó escribirlo, más de tres años. Fue, desde luego, el que más canas me sacó.»

Andrés Trapiello
La biblioteca encontrada

MIRTO
GUERNICA

Destaca entre los lomos de los libros, de color casi uniformemente ocre, un pequeño cartel enmarcado. Pone «Mirto», en letras rojas, rectas y elegantes, el fondo ligeramente desgastado o sucio. Pregunto, y me cuenta la historia de una librería de lance, bonita, que había en la calle Ruiz de Alarcón, en Madrid, frente al Jardín Botánico, regentada por Herminia Allanegui. Allí se tomaba vino de jerez con patatas fritas, que la anfitriona sacaba a los amigos, entre los que solía estar Julio Caro, que era visitante habitual. Cuando la dueña se hizo mayor, y decidió vender la librería, Andrés Trapiello (Manzaneda de Torío, León, 1953) le pidió que le regalara ese cartel que había estado allí toda la vida, y que ahora preside su biblioteca junto a una foto de Juan Ramón Jiménez tomada por Juan Guerrero.

El resto, todo, del suelo al techo, libros. Alineados con el borde de los estantes, algunos también cruzados de forma accidental y necesaria por la falta de espacio. Aquí hay un tráfico no permanente, pero sí asiduo, reiterado, de cajas y libreros que vienen y se llevan lo que va sobrando. Es una biblioteca, por tanto, decantada, cien veces expurgada y rehecha, podada y cubierta de renuevos, buscada y, sobre todo, encontrada.

Hay también una mesa de trabajo: ordenador, teléfono móvil –la parte tecnológica–, al lado de un cuaderno abierto; páginas manuscritas con pluma, dos agendas con tapas de hule, negro, y un atril de madera donde se ve una foto de Nietzsche y un libro de Ramón Gaya, *Naturalidad del arte*, todo en apariencia recién ordenado, o colocado disimuladamente.

Enfrente, un gran buró que fue de Valentín Zapatero, el editor de Trieste, con decenas de pequeños cachivaches de aire ligeramente ramoniano. Un universo, borroso y sorprendente, fruto de años de rastros y mercados de pulgas: sobres, lápices, gomas, un metro, sacapuntas, un pequeño fox terrier de porcelana, plegaderas, un ojo de muñeca y un abrecartas, de plata o plateado, regalo de Carmen Martín Gaite. Un atlante que sujeta una bola de venturina que hace tiempo se despegó y con la que durante años jugaron sus hijos.

Barquitos y faros

Encima, un busto de Galdós, de Victorio Macho, fotos de Tolstói y Dickens, y libros de la colección de La Veleta, que

dirige: Keats, Emily Dickinson, D'Ors, Solana, Morand, uno encima de otro, como una torre. Hay barquitos y faros, una aguja de marear, una a mayúscula, un caleidoscopio… Todo ordenado y reordenado. A medio hacer, o haciéndose. Proyectos vivos, planes en marcha. Porque cuenta que es ésta una casa donde las cosas cambian a menudo de sitio –cuadros, objetos, libros–, buscando un acomodo nuevo, y donde alternan los sitios llenos con los vacíos.

Entre los llenos, a rebosar, la habitación dedicada a la literatura española, con cuatro o cinco nombres destacados: Galdós, todo menos la primera edición de *Gloria*; Valle-Inclán, casi todo; Azorín y Baroja, y Gómez de la Serna, de quien compró parte de la biblioteca de la que se deshizo al abandonar su casa en Estoril. Muchas primeras ediciones, muchos libros, también, dedicados, como ése de Galdós, *La fontana de oro*, comprado en el Rastro por doscientas pesetas, reencuadernado, sin cubiertas –«no se puede tener todo en la vida», dice–, y dedicado a Pereda:

> A José María de Pereda,
> su admirador,
> Pérez Galdós

«Decía Juan Ramón que en edición diferente los libros dicen cosa distinta, es una frase que he repetido con frecuencia», afirma. «En general, cuando empezamos a buscar libros –hablo de Abelardo Linares, de Juan Manuel Bonet y otros amigos–, nos encontramos con que o los leías en primeras edicio-

nes, o no podías leerlos. Muchas cosas de Ramón, por ejemplo, no se habían reeditado, y lo mismo ocurría con muchos autores, de modo que nos habituamos a comprar primeras ediciones. Muchas están aquí.»

La prosa salta de una estantería a otra; la poesía, toda, concentrada: Bécquer, Machado –un ejemplar de *Soledades*, dedicado por él y por su hermano–, y todo Juan Ramón, incluidos aquellos libros, *Almas de violeta* y *Ninfeas*, que se empeñó en destruir y que robaba de las bibliotecas de sus amigos para echarlos, sin remordimiento, al fuego.

También Cernuda, Leopoldo Panero, Claudio Rodríguez, Valverde... Distintas ediciones, compradas aquí y allá, a lo largo del tiempo, desparejadas, sueltas, que tuvieron distintos dueños, y cada una su avatar, su historia: lomos encuadernados, en distintos colores, otros rotos, las páginas tostadas. «Se ha leído más y mejor el *Quijote* con erratas que hoy sin ellas», afirma. «Lo mismo valdría para las ediciones pobres y feas. La mayor parte de los libros que cambiaron nuestra vida eran ejemplares feos, pobres, impresos en mal papel, mal encuadernados, baratos.»

Los libros del campo

En el pasillo, por orden cronológico –«obviamente», recalca–, Chaves Nogales, Bergamín, Sánchez Mazas, Torrente, Delibes –*El hereje, Diario de un jubilado, El loco*–, Aldecoa y Pla. Al lado, literatura extranjera, Henry James, Stendhal, Chesterton, y una zona donde tiene la prosa de poetas españoles, y poesía americana. «Hay buena parte de los libros que están en el campo», explica. «Aquí, a veces, guardo los tres títulos que más me gustan, y el resto me lo llevo. Todo Umbral, por ejemplo, está en el campo, y Cela. Tener dos bibliotecas te hace vivir la sensación de que los libros siempre están en otro sitio.»

Hay más estantes, libros que buscan hueco y que andan perdidos, por ahí errantes, arte y crítica literaria, catálogos, libros de fotos, y un pequeño armarito con un cristal astillado, no sé qué significa, donde guarda todos los libros que ha publicado, y los originales de sus diarios, manuscritos.

A punto de salir me cuenta la historia de aquel obrero que llegó un día a su casa a hacer una reforma y que viendo todo aquel escenario le preguntó a qué se dedicaba. Cuando dijo que era escritor, le preguntó: ¿Los ha escrito usted todos?

Le miró, luego a su alrededor: la maqueta del *Sinaia*, sobre un aparador, el letrero de Mirto, el busto de Galdós, los dibujos de Gaya, la foto de Juan Ramón, sus propios libros... Y le dijo que sí, claro, que todos. Cómo desilusionarle.

CANTI
Giacomo Leopardi
Seconda Edizione con retratto
Florencia. Felice Le Monnier. 1860

«Todo libro viejo es una suma de vidas. No somos dueños de ningún libro, sólo lectores. Lo demás es pasajero. Así parece recordárnoslo el retrato de Leopardi que figura en éste, el único que existe en su lecho de muerte.»

NATURALIDAD DEL ARTE
Ramón Gaya

«De todas las enseñanzas de Ramón Gaya acaso la más valiosa se encuentra en este libro: los solitarios acaban encontrándose y son, igual que sus obras, de naturaleza alegre.»

LOS CONFINES
Andrés Trapiello

«Se cuenta en ella una gran historia de amor. Acaso vaya más lejos que la realidad, porque es sólo una ficción. Me gustaría creer que ha sido necesaria. ¿Puede cualquier escritor pensar otra cosa de sus propios libros?»

Soledad Puértolas
Los libros de Lura

Literatura norteamericana de hoy
Roseanna

Había tocado el timbre y sonaban unos ladridos apagados tras la puerta: el presagio cierto de una pareja de perros, juguetones y alborotadores, que salieron a recibirme en medio de un muestrario, algo intimidador, de saltos y zalamerías efusivas. Carreras y ladridos. Patas y hocicos húmedos.

Acababa de encerrarlos, preventivamente, en la cocina y ante un estante donde guarda los de la casa de su abuela, muchos encuadernados con telas estampadas, me hablaba Soledad Puértolas (Zaragoza, 1947) de los libros talismán, esos que te acompañan desde siempre, y que sobreviven a mudanzas y traslados, préstamos y accidentes domésticos. Algunos *crisolines*; un ejemplar de *Las mil mejores poesías de la lengua castellana*, de Bergua; o la *Antología de poetas románticos*, impreso en 1942 por Montaner y Simón, en Barcelona, con letra minúscula y apretada. Me hablaba de cómo recordaba haberlo hojeado de niña, fantaseando con la idea, entonces caprichosa, de que tal vez ella misma se dedicara un día a escribir, y publicara un libro como ese.

Me hablaba de la vitrina donde se guardaban, cerrados con llave, los tomos marrón oscuro o rojo de Aguilar –Ibsen y Dostoievski, obras completas ahora desparejadas y guías de España–, y de los libros de su padre, algunos firmados, y con números y letras manuscritas, claves indescifrables que en su momento indicaban su lugar en la biblioteca: el estante, la balda, y en ella su sitio exacto, como un guante.

Me hablaba de esos libros que son como de la familia, y que guardan en su interior un rastro previsible de apellidos comunes y de fechas antiguas: nombres de primos, cercanos y lejanos, antepasados, tíos, pero también parentescos olvidados, y notas algunas veces misteriosas. Y de las ediciones La nave y sus primeras lecturas: *Cumbres Borrascosas*, de Emily Brontë; *Kim*, de Kipling; *Ivanhoe*, de Walter Scott, Conan Doyle, con su apellido, Puértolas, escrito en la primera página, y otro libro del que no alcancé a leer el título, pero que tenía el lomo raído. Porque, me comentó que a Lura, la labradora que había salido a dar la bienvenida, le encanta comer libros, sobre todo los encuadernados en tela, que mordisquea con delectación –y diligencia, a juzgar por el resultado– en cuanto tiene ocasión de hacerse con uno. De modo que una de las obsesiones en la casa es no dejar un libro apetitoso accesible a sus ojos. Así, el orden, antes que la inicial del autor, o la cronolo-

gía, lo preside la altura de una labradora puesta en dos patas: de ahí para arriba es donde están los ejemplares comestibles.

Reyes y cumpleaños

Y allí, también mordisqueado, el primer libro que compró con su dinero, de niña, en la librería Gómez de Pamplona, después de ahorrar durante meses: *La Guirlande des années*, editado por Flammarion, con textos de Colette, Gide y Mauriac, e ilustrado con veinticinco miniaturas.

«Siempre que iba a la librería, en cumpleaños, fin de curso, Reyes o vacaciones, a por libros de Celia o Antoñita la fantástica, que eran mis lecturas entonces, me fijaba en este libro, en las ilustraciones, y en las páginas que imitan pergamino, hasta que decidí comprarlo», recuerda. «Y provocó cierta estupefacción en casa, porque cuando llegué con él nadie fue capaz de entender qué podía interesar de aquel libro a una niña de doce años.»

Las bibliotecas provocan, a menudo, afinidades y vecindarios fortuitos: Edith Wharton, Calvino, Kipling o Thomas Mann, que comparten ubicación en los estantes por su encuadernación en tapa dura. Porque tras los libros de la familia, están éstos, un poco escogidos por el aspecto: lomos airosos, en tela azul o roja, muchos con sobrecubiertas –Proust, Jane Austen, Defoe–, salteados de fotos familiares, estuches y minúsculos objetos. Y abajo, en un rincón, el basurero. Montones, bolsas,

cajas, libros cruzados, algo desbaratados, donde impera un descuido originario.

Por ahí, también, sus primeras ediciones, traducciones y estudios de su obra, y una mesa cubierta de agendas que suele conservar, a modo de testigos, o de actas más o menos biográficas.

Y después, la novela policiaca. Highsmith, Ross Macdonald, todo Hammett, Hadley Chase... Libros de RBA, y de la colección Novela negra, de Bruguera.

Y Chandler, claro. El viejo Chandler con la pipa siempre entre los dientes, y las gafas de pasta. «Hay muchos autores que me gustan, o que me pueden haber influido, pero hay dos, sobre todos los demás, que han sido decisivos para mi escritura. Uno es Baroja, a cuya trilogía *La lucha por la vida* dediqué mi tesis, y que es el libro –el primer tomo de una vieja edición de sus obras completas en Biblioteca Nueva– que más he leído, y releído, y llevado de viaje. Creo que llegué incluso a sabérmelo de memoria», reconoce. «Y el otro es Raymond Chandler: su estilo directo, poético y lleno de melancolía, ha sido para mí un mundo siempre muy próximo, con el que me he sentido muy identificada.»

En muchos de sus libros, marcas de lápiz: subrayados, corchetes, asteriscos, paréntesis, tachones, números encerrados en círculos, iniciales... Un singular muestrario de signos tipográficos, de llamadas y notas, y frases señaladas para clases, conferencias y cursos y de las que, a veces, leídas mucho tiempo después, se ignora exactamente el interés que un día despertaron.

La guerra de guerrillas

Enfrente, literatura en español. Cortázar, una vieja edición de *Rayuela*; Onetti, *Tierra de nadie*; Vargas Llosa, *La casa verde*; y más arriba Pombo, *El metro de platino iridiado*; Azúa, *Demasiadas preguntas*; Marsé, *Últimas tardes con Teresa*, y, de repente, por sorpresa, Clarice Lispector, una de sus escritoras favoritas, empotrada en el mapa equivocado, como una república secesionista, junto a John Fante, David Leavitt y un par de libros de Bukowski, que sus hijos cambian a menudo de sitio.

Porque hay en estas baldas una suerte de guerra, sorda y amortiguada, de guerrillas: incursiones, ataques, emboscadas, derrumbes… Así, entre Matute, Rodoreda, Aub y Cela, aparece inesperadamente Flannery O'Connor, que ha saltado la línea divisoria de la literatura extranjera y ha instalado una cabeza de puente.

En el lado correcto de la frontera están Capote, Carver, Swift, Dorothy Parker; y por ahí, a veces algo desperdigados, Huxley y Henry James, Thomas Bernhard y Chesterton, por ejemplo, *El hombre que fue Jueves.* Porque hay libros y hay autores que llegan casualmente a una balda y se quedan indefinidamente. Dinesen, cerca de donde escribe, Celati o Alice Munro.

«Hay lecturas que se corresponden con épocas», afirma. «Hay una época Baroja en mi vida, una época McCullers, y otra Saul Below o Doctorow o Cheever, y recorriendo las estanterías las vas también recordando: la de Chéjov, la de Balzac, la de Joseph Roth…»

Todo en un escenario colorista de hilos y costureros, porque le gusta coser, zurcir, hacer arreglos. Abalorios, botones, alfileres y telas.

Y, de repente, Lura, la labradora, que ha conseguido salir de la cocina, y anda por ahí mirando distraída, por si encuentra alguna cosa apetitosa que comer. Un libro o lo que sea.

EL LARGO ADIÓS
Raymond Chandler

«Hay muchos autores de los que podría elegir una obra. Me han gustado mucho libros de Ford, Cheever, Alice Munro, y es muy difícil. Pero creo que el decisivo fue Chandler, todo *El bandido doblemente armado* sale de ahí.»

LA LUCHA POR LA VIDA
Pio Baroja

«Debe ser el texto que más he leído. De Baroja me encanta ese estilo suyo, un poco como quien no quiere la cosa, lleno de complicidad. Leyendo a Baroja sientes que se dirige a ti, que está a tu lado.»

EL BANDIDO DOBLEMENTE ARMADO
Soledad Puértolas

«Este libro tiene un afán de ser distinto en mi vida, de enseñarme un camino que hasta entonces no había seguido. Es la primera vez que la voz narrativa no era yo, y a esta obra le debo la alegría de haber encontrado, por primera vez, una voz ajena a mí.»

Javier Marías

Manual de literatura

VINCENT PRICE
THE MERCHANT OF MENACE
AMERICAN CIVILIZATION
REBECCA WEST
the green child

Hubo una temporada, hace años, en que la biblioteca de Javier Marías (Madrid, 1951) aparecía con frecuencia en las revistas y suplementos de decoración.

El encargado de la empresa que instaló las estanterías, a medida, en el salón de su casa, cuando las vio rebosando de clásicos ingleses –el lomo de los libros alineado con los estantes; el color sutil de las encuadernaciones; Thackeray, Quincey, Dickens, en naranja, en la edición de Penguin–, le propuso utilizarlas para la publicidad de la marca manteniendo, eso sí, un discreto silencio sobre su propietario.

Así que hicieron las fotos y, durante un tiempo, una de esas bibliotecas de las revistas, improbables y anónimas, era la suya. De ahí que resulte desde el primer momento vagamente familiar, remotamente recordada o entrevista: un estante inferior para libros grandes, diseñado por él mismo, y un cuerpo que llega prácticamente hasta el techo: Pepis, Swift, Stevenson y mucho Burton, el capitán. Entre otros, la traducción de *Las mil y una noches* sobre la que escribió Borges, en edición ilustrada, sólo para suscriptores, difícil, dice, de encontrar.

Entre ambos cuerpos, una repisa en la que forman decenas de soldados de plomo, infantería y caballería, más o menos marciales. Hay postales, una carta autógrafa de Conrad enmarcada, fotos –Faulkner, Stevenson, su muy admirado Benet,

John Wayne, también muy admirado, algunas familiares–, y objetos de todo tipo.

«Me gusta que las estanterías sean buenas, el metal me resulta deprimente, propio de biblioteca pública inglesa», dice, en medio del salón, con un cigarrillo entre los dedos. «Así que las elegí de madera, natural aquí, y lacada en blanco en el piso de abajo, donde tengo la literatura española. Por lo demás, soy bastante ordenado. Detesto las dobles filas, porque al final nunca acabas sabiendo lo que tienes detrás, y los libros cruzados.» Y es cierto que sólo en los estantes más bajos, los que quedan más a mano, se ve algún papel encajado entre los libros, un poco al acaso: recortes de periódicos, correspondencia y originales.

El orden y el concierto

Recuerda, claro, la casa de sus padres: pilas de libros en permanente crecimiento caótico, sofás impracticables y aquel curioso invento, una especie de bisagra lateral que se ponía en los cuadros, en lugar de la tradicional hembrilla, para poder atornillarlos a las estanterías. Así, cada cuadro era, al tiempo, una puerta secreta, inesperada, una trampilla que ocultaba las baldas.

La biblioteca invasora, escribió en un artículo, exagerando, un pelín, aquella casa (y dos sótanos) tomada por los libros en

la que los niños tenían que hacerse hueco entre ellos para jugar a las chapas.

En esta biblioteca hay algo, también, de la paterna, invasora. Ocupa toda la casa, se interrumpe en cada habitación y sigue por el resto de los cuartos, en los pasillos, por los rincones, en otro piso…

Dicen los expertos que, en lo sustancial, existen dos tipos de personas: las que ordenan los libros, y las que los dejan sueltos por la casa esperando que ellos mismos encuentren acomodo. Marías pertenece, desde luego, a los primeros. Sus libros –calcula que pueden rondar los veinte mil, algunos con su nombre, fecha y lugar de compra en la página de cortesía– están colocados según un orden estricto que empieza, en el salón, con la literatura inglesa.

«Quizá sea porque es la parte más cuantiosa», comenta. «Cuando empecé a comprar libros nunca compraba literatura española porque mi padre lo tenía prácticamente todo: lo último que se me ocurría era comprar un libro de Valle-Inclán porque estaba en casa. Luego lo he ido completando y ahora tengo mi propia obra completa de Valle y de Baroja. Pero tengo mucha literatura inglesa, y norteamericana, que ocupa todo el salón, y el estudio donde habitualmente trabajo.»

Mirar los estantes de Marías es hojear un manual, casi ilustrado, de literatura, un mapa. Los autores, colocados por orden cronológico, están al lado de sus contemporáneos, mezclados poetas y ensayistas, filósofos y narradores, como en la vida misma: Locke antes que Fielding y Quincey junto a Byron.

Para ser riguroso en esa adjudicación, accidental, de vecindades tiene desde hace años un listado alfabético, escrito a máquina con decenas de añadidos manuscritos, en el que figura junto a cada escritor el año de nacimiento y eventual deceso, y del que echa mano en caso de duda.

A partir de ahí, la biblioteca se extiende por el resto de las habitaciones, con idéntica estructura. Literatura francesa, alemana, italiana: Simenon, Diderot, Proust, Apollinaire, Larbaud, Mann, Kafka, Benjamin, Leopardi, mucho Calvino, y mucho Zeri, Federico, el polémico crítico e historiador de arte italiano en el que basó lejanamente uno de los personajes de *Corazón tan blanco.*

Libros dedicados

En su habitación, destaca una balda completa dedicada a Ellery Queen –una afición, la de la novela policiaca, heredada de su padre–, las obras completas de Henry James y todo Faulkner, o casi todo, de quien tiene un ejemplar firmado. «Me gustan los libros que no ocultan enteramente su pasado. Los que contienen alguna foto, algún papel, los que cuentan algo. También guardo algunos con firma o dedicatoria autógrafa: Mallarmé, Radiguet, Gombrowicz, Chesterton, Isak Dinesen, Mann... Pero no me considero bibliófilo, nunca compraría un libro que no estuviera dispuesto a leer.»

Sobre el cabecero, nada casual, nada original, Cervantes y Shakespeare, para las noches de insomnio.

Entre sus manías, confesables, la de guardar la correspondencia que recibe de los escritores con los que se cartea entre las páginas de sus propios libros: Mendoza, Aleixandre, Magris o Sebald, de quien conserva no sólo alguna carta, sino también un trozo de lápiz, el final, que le ofreció la familia a su muerte, y que guarda, también, junto a su obra.

Faltan sus propios libros. Amontonados, o casi, en el recibidor, en torres, tal cual los mandan de las editoriales. Y un ejemplar de cada uno en cuatro o cinco mueblecitos giratorios, repartidos por toda la casa, discretos, invisibles.

En el piso de abajo, el de las estanterías blancas, por orden alfabético, autores españoles e hispanoamericanos, chinos, japoneses, rusos, Nabokov, Pasternak, Pushkin. «Me encanta Pushkin», dice.

Y allí, en uno de los estantes, un libro de Neruda, *Canción de gesta*, que apareció, dedicado a Cabrera Infante, hace años, en el catálogo de una librería de viejo.

El propio Cabrera le encargó a Marías que averiguara de dónde había salido, pero, en lugar de hacerlo, lo compró. Cabrera, que sabía el precio, no quiso aceptarlo, y acordaron que, ya que se trataba de un ejemplar robado de su biblioteca en Cuba, una nueva firma lo haría legal. Así que el libro tiene ahora una dedicatoria doble: de Neruda a Cabrera, y de Cabrera a Marías. Dice: «Para Javier… de todas las sabias letras». En medio, hay una frase que no se entiende. Vaya.

TRISTRAM SHANDY
Laurence Sterne

«Es uno de los nueve volúmenes de la primera edición, y éste en particular está firmado por el propio Sterne. Los libros del XVIII tienen una impresión muy nítida, y un tacto especial del papel.»

LA CIUDAD DE LOS PRODIGIOS
Eduardo Mendoza

«Creo que es uno de los grandes libros españoles de la segunda mitad del siglo XX, y también uno de los que a mí más me han gustado. Y el que más me sigue gustando de Mendoza.»

TRAVESÍA DEL HORIZONTE
Javier Marías

«Es la primera edición de mi segunda novela. Y tiene la particularidad de que, en la guarda posterior, aparece un fragmento del principio del libro en inglés. La letra es de Juan Benet, fingiendo un estilo de escritor decimonónico.»

Luis Landero
Hojas sueltas

HISTORIA DE ESPAÑA

Frente a la puerta de entrada hay una estantería a la que un amigo llama «el corredor de la muerte». Ahí están los libros desparejados, esos que se almacenan provisionalmente, a veces durante años y años, para ver cómo y, sobre todo, dónde acaban encajando.

Luis Landero (Alburquerque, Badajoz, 1948) fantasea a veces con que puedan cuchichear entre ellos, de noche, a escondidas, sobre la suerte que les espera.

Hay dos posibilidades: el trastero, en el sótano, donde los libros, unos ochocientos, se guardan protegidos en cajas de plástico, con un índice minucioso en el que se especifica el contenido de cada una; o la plaza de Olavide, en pleno barrio de Chamberí, en Madrid.

Allí baja una o dos veces al año un par de enormes bolsas con cincuenta o sesenta libros, a veces más, que abandona sobre un banco.

Y siempre vuelve al rato, para ver cómo viandantes anónimos, convecinos, estudiantes, repartidores, jubilados ociosos se interesan por ellos, los hojean con curiosidad, y se los acaban llevando.

Del sótano, ese agujero negro, pocas veces ha regresado alguno –ocurrió, no hace mucho, con una edición de Washington Irving–. De la plaza, nunca. Pero aun así es fácil pensar que

el destino de estos libros es secretamente envidiado por los del sótano, allí en el limbo.

Todas las bibliotecas guardan secretos. Tienen recodos, pasadizos y lindes, a veces inesperadas, que es necesario transitar con guía.

El primer puesto fronterizo en la de Landero, detrás de un

bote lleno de señaladores, es un libro de Aguilar, comprado en La Habana a principios del año 2000, que se titula *La novela de la Revolución Mexicana.* Todo lo que queda a la izquierda de esos dos tomos en papel biblia es poesía, mientras que a la derecha, en sucesivas estanterías que cubren buena parte de las paredes del salón, está la novela del siglo XX. Hay otra zona dedicada a la novela decimonónica, los clásicos, y a Shakespeare (balda y media), donde guarda el primer libro que recuerda haber comprado, a los diecinueve años, con el dinero que ganó como guitarrista: un *Quijote,* con grabados de Doré, que vio en el escaparate de una mercería, y por el que pagó cuatrocientas pesetas de las de entonces.

Orden alfabético

De poesía, lo esencial, dice: Darío, Gerardo Diego, Guillén, Alberti, Juan Ramón y Machado. También mucho Leopardi,

Petrarca, Virgilio y Gil de Biedma, naturalmente, en la G. Porque los libros, para pasmo y envidia sana del visitante, están colocados por riguroso orden alfabético de autores.

Conviene, eso sí, aclarar que el mérito no le corresponde, ya que a Landero le gusta tener los libros cerca, sacarlos de las baldas y amontonarlos por las mesas, en el suelo, sobre la mesilla, hasta que se juntan veinte o treinta, o sesenta, que su mujer, Coté, se encarga de devolver a su sitio.

De modo que en la C, saltando la frontera de la prosa, está, por ejemplo, Carpentier: un sobado ejemplar de papel amarillento, con las páginas sueltas y sin tapas de *Los pasos perdidos,* entre otros. Cerca, Cortázar: *Rayuela,* también desencolado como una baraja, y casi al lado, Conrad: *El agente secreto,* manoseado y doblado en las esquinas, que ha leído completo cinco o seis veces, y trozos casi todos los años.

«Estropeo mucho los libros», cuenta sosteniendo un cuadernillo desprendido de *Tiempo de silencio,* de Martín-Santos. «Doblo las páginas, subrayo, anoto, escribo, incluyo comentarios en las hojas blancas del final, que después arranco para guardarlas... Ahora estoy releyendo *Muerte en Venecia,* de Mann, y me cuesta abrirme paso entre los subrayados.»

No ayuda que sus libros salgan con él a la calle, y de viaje, y que se los lleve para trabajar con ellos en clase. Hay siempre, en su coche, una pequeña biblioteca portátil, de emergencia, volandera, de diez o quince libros, que comparten el asiento trasero con periódicos atrasados, cartas del banco y trabajos de alumnos.

Así que es fácil localizar a sus autores favoritos: basta buscar los lomos fatigados, deshojados, maltrechos, un universo de papel celo y pegamento. Casi todo Faulkner: *Luz de agosto, Absalón, Absalón,* completamente desencuadernados; casi todo García Márquez –aparece un trozo de *El otoño del patriarca* de una vieja edición de Plaza y Janés–; varios *Ulises,* de Joyce, y *Retrato del artista adolescente,* recompuesto por una alumna industriosa a quien se lo prestó y que, apiadada, se lo devolvió restaurado.

También hay mucho Kafka, mucho Proust y mucho Onetti: *La vida breve*, una edición nueva que sustituyó a otra, ilegible, que tuvo que tirar. Manuel Puig, Vargas Llosa, y en la S, Sampedro, *Octubre Octubre*, con una dedicatoria: «Para Luis Landero, amigo en el acto, con un abrazo de su doblemente compañero». Cerca, también dedicado, *La soledad del manager*, de

Vázquez Montalbán, que compró y le llevó para que se lo firmara.

El montón

«Hay libros que llevan conmigo muchísimo tiempo. Los más antiguos deben de ser del año 68, cuando dejé la guitarra y retomé los estudios de PREU», afirma. «De esa época recuerdo *La metamorfosis*, de Kafka; *El extranjero*, de Camus; *El gran Gatsby*, de Fitzgerald, que deben de andar por ahí, y mucho Sartre, ¡los tiempos de Sartre! Y recuerdo dos libros que mangué en la librería de la facultad, entonces se hacía mucho, disimulándolos en las carpetas o debajo del abrigo, seguro que ha prescrito:

Orlando, de Virginia Woolf, y *Las olas*. Ambos los conservo todavía. *Orlando*, de hecho, lo tengo ahora mismo en el montón.»

Sobre la mesa de su cuarto, el montón. Porque cuenta que le gusta leer a la carta, un poco por capricho según lo que le apetece, o lo que necesita cada día. De modo que tiene siempre una decena de libros que coge y abandona, de los que picotea, un día sí y otro no, hasta que los termina.

En el montón, entre muchos otros, el último Marías, *Veneno y sombra y adiós*; Pla, *El cuaderno gris*; *La cinta de Moebius*, de Manuel Talens; Don DeLillo, y Conrad, *Lord Jim*, y una vieja edición de *Ulises*, publicado en Buenos Aires por Santiago Rueda, que le regalaron en el año 70 y que le gusta tener siempre cerca.

«Otra cosa que hago mucho es leer diccionarios: el Moliner, el Corominas, lo leo y lo subrayo, el de Seco, y *Redes*, de Ignacio Bosque, que es muy interesante. Me gusta ese mundo de las palabras, las redes léxicas, las familias, las similitudes, todo eso.»

Al final, una referencia a Shakespeare: tan inspirador, tan sutil, tan listo –dice–, de una imaginación tan prodigiosa... Busca *Otelo* en las baldas, pero acaba cayendo en que lo tiene en el coche. Colocado en la S, claro.

LAS MIL MEJORES POESÍAS DE LA LENGUA CASTELLANA

«Debe de ser uno de los primeros libros que compré, tal vez con quince o dieciséis años. Y me ha acompañado desde entonces. No tiene tapas y está completamente desencuadernado, así que no se puede ver el año de edición.»

HAMELIN
Juan Mayorga

«Mayorga es un gran hombre de teatro, además de un gran escritor. Y el teatro, en el mundo de la edición, está muy abandonado. Se ha perdido el hábito de leer teatro. Así que no me parece mal reivindicarlo.»

HOY, JÚPITER
Luis Landero

«Siempre termino enemistado con mis propios libros después de una relación apasionada mientras los escribo. He elegido éste, el último, porque al ser el más cercano todavía no he terminado de aborrecerlo.»

Jesús Ferrero
Atlas de lecturas

Todo empieza, esta vez, en París a mediados de los años setenta. En el número 3 de la rue l'Éperon donde Julio Cortázar tenía su apartamento. Allí se presentó un día, casi por accidente, Jesús Ferrero (Zamora, 1952), y decidió subir a visitarlo; su nombre, apenas señalado con una discreta placa –Cortázar, se leía–, que indicaba un pulsador en el portal.

Recuerda su estatura imponente, su delgadez articulada, un poco de zancuda, sus erres guturales, blandas como pasteles, y un ajetreo de muebles y de objetos; papeles de embalar, bolsas, maletas...

Le pilló de mudanza; las cajas de cartón ocupando buena parte de la entrada, por el suelo, amontonadas en un cierto desorden, muchas con libros. Y en cada una, rotulado, el contenido; inglés, francés, español... Desde entonces abandonó el orden alfabético –siempre ha tenido mala memoria para los nombres–, y se habituó a colocar los libros en los estantes por culturas, que es, dice, la mejor manera de orientarse: Oriente y Occidente; literatura nórdica; francesa y anglosajona y, en medio, como un tapiz abrigador, herencia de su suegro, la Enciclopedia Espasa, una imagen del infinito extenso, inabarcable.

Y habla de aquella vez que, hojeando uno de sus tomos, dio con un pueblecito alemán, con castillo y con cueva, del que aparecían fotos en blanco y negro, y datos de su historia: monumentos, el número preciso de habitantes y sus ocupaciones... Pero no memorizó el nombre, y vive la zozobra, diríase la incómoda certeza de que ya no volverá a encontrarlo.

Tiene algo su biblioteca, sí, de furtivo desorden, casi de azar o de capricho. Su casa está llena de escritorios –de invierno y de verano o primavera, algunos que comparte con su mujer, la también novelista Irene Gracia–, y cada uno tiene sus propios libros. Obras de La Pléiade, clásicos chinos; Baudelaire y Rimbaud, *Oeuvres complètes*, con el que viaja siempre.

También Camus y Conrad, Gracián y la novela picaresca... Y una parte importante, escurridiza, que está siempre en movimiento –Borges, Henry James o Canetti–, que utiliza para escribir. «Cada una de mis novelas mueve alrededor de quinientos libros. Son documentación, datos, cosas que necesito

o me apetece leer», afirma. «No consigo escribir sin mover libros, y ocurre que, antes de volver a su sitio, quedan por ahí, a veces indefinidamente, por el suelo, o juntos en alguna estantería, mezclados una historia sobre la casa de Austria, un libro de aforismos y otro sobre el comercio en China. No me molesta el desorden, mientras sea amable.»

Libros en movimiento

En medio, en todos los estantes y escritorios, esos autores que está leyendo siempre, Rubén Darío, Shakespeare, Cernuda, Stevenson y los cuentos de Maupassant, que aparecen por cualquier parte, a veces repetidos, como un viejo resorte cuyo mecanismo saltara inesperadamente.

Y sobre todos ellos el recuerdo de aquella biblioteca, selecta y exquisita, ordenada y cuidada, tal vez un poco idealizada con el tiempo, que desapareció. Todos sus libros hasta los veintisiete años que dejó en un piso de París, a cargo de unos amigos que los abandonaron después de no pagar el alquiler durante meses. Un día, la administradora entró y se deshizo de todo cuanto había. Todos aquellos libros –muchos de psicoanálisis,

las obras completas de Nietzsche, y una muy buena colección de poesía china en francés– acabaron tal vez en la basura, o en montones tirados en la calle.

Y hablamos de esos libros que alguien tira y que alguna vez él mismo ha recogido. Uno en Brooklyn, cerca de la casa donde vive Paul Auster, donde encontró tirada una edición de *Vanity Fair*, de Thackeray, con una firma, Gerry Brestichner, y una fecha, 1931. O aquel otro que recogió en París. Un viejo atlas con ciudades que aparecían marcadas en Polonia, en Francia, en Alemania...

«Me gusta encontrar huellas en los libros, es algo que estimula la imaginación. Te preguntas quién pudo anotarlo, y por qué. E imaginas la historia que hay detrás. Por ejemplo, en el caso del atlas, pensé en un judío de origen polaco que había

cartografiado su propia historia, señalando las ciudades donde habían ocurrido experiencias importantes de su vida.»

Al igual que en el atlas, en esta biblioteca pervive el secreto empeño de rescatar aquella desaparecida que él ha ido recomponiendo de manera incompleta y aleatoria.

Todos los libros son relativamente nuevos, la mayoría comprados, y por tanto buscados, o pretendidos: Alfred Jarry, Duras, Artaud, Perec, en francés, y más allá Faulkner, Joyce, Melville, Fitzgerald… «Soy un comprador compulsivo de libros. Si necesito uno, voy a una librería y lo compro», reconoce. «Me parece una infamia decir que no se compran libros por el precio. Los libros son uno de esos pocos objetos de los que puedes estar seguro que te va a durar toda la vida. Puedes tratarlos mal, pueden caerse, darse un golpe, mojarse incluso, y son para siempre; un libro, en general, te sobrevive.»

Una gran biblioteca

En la parte de filosofía y literatura clásica, Platón, editado en La Pléiade, Freud y Lacan, Foucault, Habermas, psicoanálisis y teología. Y abajo, en otro de los lugares donde escribe, novela en español: Clarín, Bécquer, Galdós, Torrente Ballester –tal vez el escritor del siglo XX en español que más le interesa–, y Lezama y Cabrera y Cortázar, *Rayuela*, y Sabato y Benet, y de repente, sobre una mesa –la vida del lector es siempre una sorpresa, dice–, *Tristes trópicos* de Lévi-Strauss, que ha comprado tres veces, que recuerde, distintas ediciones, ninguna en todo caso como la primera, que perdió.

No ayudan las mudanzas –una cada siete años, durante tiempo–, ni su falta de fetichismo con los libros, ni el movimiento permanente en la casa. «De no haber tenido una vida tan azarosa, habría tenido una gran biblioteca», afirma. «Tengo amigos que guardan sus juguetes de infancia, sus libros escolares, fotos, y me resulta admirable. No es mi caso. He perdido de todo, libros, papeles, objetos, y aprendes a vivir con esa permanente sensación.»

Antes de irme, me conduce a un lugar retirado, en el sótano, al fondo, sin luz, como un búnker abandonado, una mazmorra, una celda penitencial con pequeños tragaluces a la altura del techo, por los que entra una luz escasa y blanca, donde escribe en verano. Un lugar aislado del resto de la casa, de la que le separan cuatro puertas exactas, una detrás de otra, como una caja fuerte.

Allí tiene libros de Martin Amis, casi todo Marías, Michon y Proust. Al fondo, rodeado de paredes de hormigón, silencio y humedad, y un raro regusto a mausoleo.

Tan sepulcral, Proust, dice, y se ríe.

EL BANQUETE
Platón

«Es una gran novela, un gran ensayo, admirablemente escrito, con personajes muy bien dibujados. Suelo decir que es el libro que más envidio.»

LA REALIDAD Y EL DESEO
Luis Cernuda

«Es uno de los libros que más me ha cautivado, una narración de toda una vida, construida con poemas.»

BALADA DE LAS NOCHES BRAVAS
Jesús Ferrero

«Creo que este libro sintetiza bien lo que significó el amor para mi generación.»

Juan Manuel de Prada

Cruzar los libros

HISTORIA
HISTORIA

Hay bibliotecas que crecen lentamente, perezosas, y que van asentándose durante años, con la paciencia del jubilado. Y bibliotecas de torrentera, casi de chaparrón o de tormenta: libros que llegan desordenadamente, y que sedimentan de forma caprichosa sobre las mesas, por los rincones, en el suelo.

La de Juan Manuel de Prada (Baracaldo, Vizcaya, 1970) empezó siendo de las primeras –exigua, cuidada, selecta según sus gustos o apetencias–, hasta que comenzaron a desembarcar libros de aluvión. Un ejército agresivo de conquista: promociones, presentaciones, apuestas editoriales, libros de amigos y enemigos que han conseguido infiltrarse entre los propios, al descuido.

De modo que hay una parte cada vez más grande de su biblioteca que no es suya. Una parte engañosa, de trampantojo, equívoca, que no le representa: hay mucho Don DeLillo, por ejemplo, uno de sus autores favoritos, y mucho Henning Mankell, que, sin embargo, no le interesa nada, o apenas, pero que le mandan, y no se anima a tirar.

Es una biblioteca joven, eso sí, la de Prada, que durante años, hasta hace relativamente poco, ha sido un ávido lector de biblioteca. Recuerda, en la de Zamora, de niño, una sala de mesas pequeñas, bastante nutrida, donde prestaban libros que había que devolver en quince días. Tenía un carné, entonces,

con una foto suya de fotomatón (o lo mismo de estudio, había una diferencia): rostro de niño bueno, pulcro y formal, gafas metálicas, de pera, a la moda: el rey de la excentricidad, confiesa. Porque con doce años leía ya a Agatha Christie, a Stevenson y a Poe, el raro Allan Poe, en unos libritos de tapa dura, encuadernados en verde, de la Biblioteca Juvenil Cadete, donde estaban publicados los clásicos de la literatura de aventuras.

«A la biblioteca empecé a ir con mi abuelo», recuerda. «Y leí mucho a Poe, sí, sobre todo las *Narraciones extraordinarias*, y mucho menos a Salgari o a Verne, porque desde niño buscaba en la literatura algo más que el mero entretenimiento. En la biblioteca del colegio, leí también los clásicos castellanos, al Duque de Rivas, y a León Felipe. Estaba a punto de celebrarse el centenario, y una profesora nos consiguió las ediciones de Finisterre. Así que lo leí prácticamente todo.»

Libros sobados

Pudiera ser consecuencia de aquellos años de biblioteca pública, de libros que pasan por diferentes manos –muchas, y no siempre cuidadosas–, su aversión a los libros viejos. Ésos sobados, «fatigados» que dicen los libreros, de páginas marrones, con puntos de óxido y cubiertas con faltantes que compra sólo excepcionalmente, casi con guantes, como el CSI, y siempre con una aprensión que raya la hipocondría. Los libros viejos, dice, hablan de la muerte.

Una repulsión enfermiza, ya digo, que se agravó cuando, escribiendo *Las máscaras del héroe,* tuvo que ir a la Biblioteca Nacional a leer a los bohemios: Sawa, Gálvez, Vidal y Planas o Armando Buscarini. Un desolado ejército de escritores y libros olvidados, muchos desgualdrajados, polvorientos, o intonsos, como sacados de una cripta, de una catacumba: Zamacois, Hernández Catá, Alberto Insúa…

Así que, para resarcirse, los de su biblioteca, aun leídos, están prácticamente nuevos: el lomo apenas rozado, sin firmas ni ex libris, sin marcas, ni notas, y sólo ocasionalmente con alguna esquina discretamente doblada, diríase que con secreto apuro, y una señal casi imperceptible en el margen, hecha con la uña.

Sólo hay tres excepciones en este paraíso de libros airosos, galanos y aseados, que parecen todavía conservar el apresto de la imprenta: Felisberto Hernández, el escritor uruguayo del que tiene todos sus cuentos en primeras ediciones; las *Obras Completas* de Valle-Inclán en Rivadeneira, y Ramón Gómez de la Serna, uno de sus autores fetiche, e inspirador. De él tiene ediciones antiguas, viejas, de *Ramonismo, Senos, Las tres gracias,* y la aflicción por *Automoribundia* (Sudamericana, 1948), que regaló a una novia, o lo que fuera, en un momento de debilidad.

«Cada día leo menos novedades», comenta. «Es cierto que la literatura contemporánea no me interesa demasiado, salvo la americana, y lo que escriben los amigos, aunque sí hay escritores a los que sigo, o he seguido mucho. En España, a Álvaro Pombo, por ejemplo, a Francisco Nieva y a Umbral.»

Aire notarial

En las estanterías –doble fila, libros cruzados–, prevalece un remoto orden alfabético. Un intento antiguo, abandonado, de controlar los libros: Austen, Aub, Azúa, Baroja, Conrad, Cohen, mucho Ramón, Bloom, una grapadora, un bote de bolígrafos, Delibes –uno de sus autores favoritos durante muchos años–, premios literarios, la biografía de Wilde de Richard Ellmann, sustraída bajo el abrigo hace años, en una librería de Salamanca, Wilde y Wolfe, y dos baldas, arriba, dedicadas al cine de terror, presididas por un icono ruso o bizantino.

También tiene cuatro tomos, marrones, grandes, regalo periódico de sus padres, que le encuadernan los artículos que publica en *Abc,* recortados y pegados en cartulina.

En su despacho, la uniformidad de los lomos da un aire remotamente notarial; colecciones antiguas de clásicos: el Club Infantil del Libro, Obras del siglo XX... En una de las baldas, una foto de Rutger Hauer, el «replicante» de *Blade Runner*, y otra en la que aparece Ruano junto a Eliodoro Puche, y que le prestó Manuel Alcántara para ilustrar uno de sus libros.

Arriba a la derecha, las colecciones de El Ojo sin Párpado, y la Biblioteca de Babel, completas, o casi, de Siruela, y en una vitrina que vino de Salamanca, la de Premios Nobel, de Janés. Y cintas de vídeo, muchas, de cuando salía en la tele.

«Suelo leer casi siempre tumbado en un sofá, con luz natural. Y no todo lo que me gustaría, o lo que debería. Ocurre que, según te vas haciendo más escritor, te vas haciendo menos lector. Y estoy convencido de que la decadencia de muchos escritores tiene que ver con que dejan de leer. La literatura es, de algún modo, el zumo que se destila de la lectura.»

Entre sus lecturas recurrentes, el *Quijote*, que leyó todos los veranos durante nueve años, desde que cumplió catorce. También Proust, *En busca del tiempo perdido*, que ha leído tres o cuatro veces, Borges, y los cuentos de Cortázar. «De Borges he leído los cuentos, y su poesía. Es un escritor, a veces artificioso, pero que abre muchos caminos, por ejemplo, en mi caso, Chesterton.»

Me fijo en su mesa. Al lado del ordenador en el que escribe, dos paquetes de tabaco bajo en nicotina. Unas tijeras. Un mechero de Muebles Mingo. Los dos tomos del diccionario de la RAE, muy usados. Y presidiéndolo todo, un libro de Francisco Goldman bajo una botella de agua.

Cuenta que acaba de reseñarlo. Le pregunto si le ha gustado. Lo hojea. Y dice que no. Otro libro cruzado, es lo malo.

LAS HORTENSIAS
Felisberto Hernández

«Es un libro del que hablo en *La vida invisible*, una novela corta sobre un hombre que colecciona muñecas de tamaño natural, lo que le acaba costando su matrimonio. Felisberto me marcó mucho, y hay mucho de él en *El silencio del patinador*.»

CASTELLANI
Sebastián Randle

«Me gustaría que en España se conociera más a Leonardo Castellani, un personaje con una vida apasionante. Esta biografía tiene la particularidad de que, al final de cada capítulo, el autor cuenta lo que le va costando escribir el libro.»

UNA TEMPORADA EN MELCHINAR
Juan Manuel de Prada

«Es el primer libro que publiqué, un volumen de cuentos ambientados en un balneario, con el que gané el Premio Ramón Gómez de la Serna. Es un libro un tanto secreto, que nunca he visto en catálogos de viejo.»

Luis Mateo Díez
El orden natural

Un joven estudiante de Derecho en los años sesenta; gafas de concha, negras, jersey oscuro de pico, delgado, altiricón. Hojea libros en la sección de préstamo de la biblioteca Feijoo, de Oviedo. Y elige, esa semana, uno del que le ha llamado la atención la cubierta. Es la edición mexicana, publicada en Fondo de Cultura Económica, de *El llano en llamas*, de Rulfo.

Y fue tal el deslumbramiento, dice, la seducción rendida que le provocó su lectura, que se propuso no devolverlo hasta poder comprar uno.

«Éramos un grupo de malos estudiantes de Derecho que buscábamos libros un poco al azar en la biblioteca», recuerda. «Allí encontré no sólo a Rulfo, sino que leí por primera vez a Cunqueiro, *Las mocedades de Ulises*, y otros muchos hallazgos: el primer Borges, *El hacedor*, en Losada, y *Cabeza rapada*, de Jesús Fernández Santos. Los sacábamos en préstamo, pero me fui haciendo con todos ellos con los años.»

Es posible que si buscáramos en las estanterías de la casa de Luis Mateo Díez (Villablino, León, 1942) acabáramos encontrándolos todos. O no. Porque se reconoce poco cuidadoso, sin un gran apego por los libros leídos, y con ninguna voluntad de pertenencia. Y es esta falta de afán la que influye en que sus libros hayan ido y venido, como viajantes, y en que su biblioteca haya pasado por vicisitudes de inmoderado crecimiento, y otras de pérdidas y expurgos fatales.

Sí recuerda, sin embargo, aquella época en que hacía reseñas para el diario *Pueblo*, en la que llegó a acumular catorce mil libros, un disparate, que campaban a sus anchas por la casa, y que se extendían por el suelo como una mancha; apilados, polvorientos, descuidados, en lo que denomina una desordenada calidez. Habría que verlo.

Hasta que un día vivió la zozobra de no encontrar *El jardín de los Finzi-Contini*, de Giorgio Bassani, que buscó desesperadamente, sin éxito, y que tuvo que volver a comprar sabiendo que lo tenía.

Huellas del lector

Las bibliotecas –el orden en que se colocan los libros, la posición en las baldas, los objetos con los que comparten protago-

nismo– muestran las huellas de los lectores que somos. Un listado inacabable de indicios, manías, hábitos, aprensiones y afectos bibliográficos: los libros sobados, manoseados de Onetti, sueltos por su habitación, como huérfanos; los del poeta Gastón Baquero, que ocupaban las sillas, las mesas, y llenaban la bañera; los de Lezama, asmático, escapados de las vitrinas donde los protegía del polvo, en el salón de su casa de Trocadero...

En los libros de Luis Mateo no hay demasiados rastros. Es el problema de los lectores pulcros, que abren los lomos sólo lo imprescindible para no estropear la encuadernación, que anotan en folios o papeles autoadhesivos, y que confiesan sin rubor haber vuelto a comprar algún ejemplar, sólo porque el que tenían estaba sucio o doblado.

Así que en sus libros no hay esquinas dobladas, no hay notas escritas en los márgenes o a pie de página, ni papeles extraviados. Sólo en algunos, los más antiguos, un discreto ex libris manuscrito: «Luis Mateo y Margarita», acompañado en ocasiones de la fecha de compra o lectura.

«Respecto de los libros siempre he tenido la idea de que eran algo que se usaba y que se iba, así que siempre he tenido poco sentido de la propiedad», afirma. «Me ha gustado compartir las lecturas, y he regalado mucho, entre los que más, *El Gatopardo*, de Lampedusa; *La muerte de Iván Ilich*, de Tolstói; los relatos de Bernard Malamud... Muchos.»

Las bibliotecas se construyen con los libros que se conservan, pero también con la lista de los que faltan: los regalados, los perdidos, los prestados y nunca devueltos.

Entre los que quedan en la biblioteca de Luis Mateo, hay, eso sí, pruebas suficientes de su afición a los clásicos, griegos y latinos, al Siglo de Oro –más Calderón que Quevedo–, a Valle-Inclán y Baroja, y a ese importante reducto de escritores italianos: Pratolini, Svevo, Pavese...

Un libro de este último, *Diálogos con Leucó*, es –confiesa– uno de los que más veces ha buscado pertinazmente, encontrado y perdido durante largas temporadas. Como el de Bassani.

Así que tomó la decisión de poner un poco de orden. Regaló, vendió, donó a bibliotecas públicas y privadas. Una labor de poda que más tarde completarían los hijos, lectores voraces, que expurgaron la literatura en beneficio de la filosofía, el pensamiento, la historia de las ideas, las ciencias.

Libros extraviados

El resultado es esta biblioteca que califica de extraviada y desordenada, como muchas, dividida en tres: una en la casa; otra, muy depurada, que se llevó su hijo Gonzalo, y que contiene buena parte de las novelas clave del siglo XX, y una tercera que es una biblioteca-almacén en Cercedilla. Un estrambótico y desordenado purgatorio en el que se mezclan títulos llevados para leer que nunca regresaron con otros retirados o en trance de retirarse, y libros suyos en distintas ediciones que almacena con desgana para acabar casi siempre regalando.

«Conservo mal mi obra. Mi desapego libresco ha terminado afectando penosamente a mis propios libros. En su momento hice encuadernar alguna de las primeras ediciones, y es lo que

seguramente las ha salvado. Lo cierto es que no guardo mis libros en ningún sitio en particular, suelo llenar con ellos los huecos, y hay alguno, alguna traducción, definitivamente perdida.»

A partir de ahí, y en una biblioteca estrecha en el pasillo, libros de Alianza, de la vieja Bruguera, y el que es sin duda una de sus pasiones, Simenon.

En la sala, a continuación –paredes forradas de estanterías en las que los libros comparten las baldas con fotos, esculturas y viejos trofeos–, una amplia zona dedicada a biografías de directores de cine, entre los que se encuentran sus favoritos: Lang, Rossellini, Coppola, Bergman, Ford, Cukor, Wilder... Y una curiosidad familiar: un libro de cuidada encuadernación titulado *Episodios de una novela que existió*, del que se imprimieron sólo sesenta ejemplares. Lo firma Florentino Agustín Díez, su abuelo.

En una estantería, sobre una puerta, las colecciones, casi completas, de Visor e Hiperión, y también aquella de El Ojo sin Párpado de Siruela, dedicada a la literatura fantástica. Parándose en los lomos se descubre a Montaigne, Nietzsche, Hobbes, Kierkegaard...

Y en otra habitación las ediciones de bolsillo de Aguilar, de Jaime Salinas: *Ana Karenina*, Balzac, Stendhal, Rulfo o Laforet, y algunos *crisolines*, su padre llegó a tener la colección completa.

Por orden más o menos alfabético, Andújar, Barea, Baroja, Cunqueiro, Benet, Cortázar, Camus, Camilleri, Buzzati... Así hasta casi siete mil. Nos muestra, también, dos ediciones curiosas, en braille, de otros dos libros suyos: *La fuente de la edad* y *La mirada del alma*.

Y, hablando, hablando, cuenta sonriendo la historia de otro de sus libros, *Apócrifo del clavel y la espina*, publicado por Mondadori en 1988, que regaló a su amigo Rogelio Blanco, actual director general del Libro, a quien en un atraco salvó de una cuchillada que podría haber sido grave, desde luego certera, a juzgar por cómo atravesó un buen taco de páginas.

Y la tapa dura.

EL OFICIO DE VIVIR
Cesare Pavese

«Es el autor que más me abre a lo que es un mundo personal de referencia antigua, rural, de viejas colinas de su tierra, traspasado por la mitología griega y latina: un mundo mítico, de tragedia, de grandes mitos que amparan pequeñas historias. Es un libro que todavía conserva la pegatina de la sección de libros de las antiguas Galerías Preciados, donde lo compré, y tiene mi nombre escrito, y la fecha en que lo leí: 1969.»

CAPITAL DE LA GLORIA
Juan Eduardo Zúñiga

«Creo que Zúñiga es el gran maestro de la narrativa española contemporánea, y el que consigue mayores grados de emoción, de intensidad y de expresión. Es el límite de una manera de recordar, de radiografiar la realidad con una percepción muy llena de misterio.
Zúñiga es el escritor con el que más he aprendido a orientarme en lo que quiero hacer, y este libro, *Capital de la gloria,* contiene algunos de los cuentos más bellos que ha escrito.»

CAMINO DE PERDICIÓN
Luis Mateo Díez

«Tal vez sea ésta la novela que tiene los personajes a los que más quiero. Odollo, el viajante, y todos los que pululan a su alrededor, un poco fenicios en un mundo antiguo. Una historia que repite de algún modo la de *El corazón de las tinieblas*: el protagonista recibe el encargo de buscar a un viajante perdido. Y dentro de mi obra es un libro que cierra una manera de escribir y que abre otra más conceptista en lo expresivo.
De ahí parte todo lo que he hecho luego. Un libro inaugural.»